Lafers
KRÄUTERKÜCHE

Meine

KRÄUTER-
KÜCHE

INHALTS-VERZEICHNIS

KRÄUTER: EIN GESCHENK DER NATUR

Kräuter sind für den Menschen von alters her von Bedeutung und für ihre wohltuende Wirkung bekannt. Sie sind eine wertvolle Gabe der Natur und es ist immer wieder faszinierend, mit welch einem unermesslichen Reichtum sie uns beschenkt. Mit großer Begeisterung habe ich die Bücher der Hildegard von Bingen gelesen, die als Vordenkerin und Wegbereiterin einer ganzheitlichen Ernährungslehre und Heilkunde gilt. Ihre Schriften haben bis heute nichts an Aktualität verloren und unzählige bewährte Hausmittel gehen auf sie zurück. Was diese Frau bereits vor über 1000 Jahren erfasst hat, erschließt uns einen beachtlichen Erfahrungsschatz – und beginnt man erst einmal selbst, sich eingehender mit diesem Thema zu beschäftigen, lassen sich nahezu unerschöpfliche Möglichkeiten entdecken, wie man sich auf unkomplizierte und gesunde Weise Gutes tun und den Speiseplan abwechslungsreich gestalten kann. Ich habe von Kindesbeinen an gelernt, was es heißt, im Einklang mit den Jahreszeiten zu leben und sich daran auszurichten, was ringsum wächst

und gedeiht, was Felder und Wiesen, Garten und Beete hervorbringen. Meine Eltern waren praktisch Selbstversorger, wir waren keine reichen Leute; wir hatten unseren bescheidenen Hof und die Küche war wie selbstverständlich von der Saison bestimmt. Die Auswahl war meist überschaubar, doch meine Mutter hat sich großartig darauf verstanden, selbst die einfachsten Dinge äußerst schmackhaft zuzubereiten. Da der Tagesablauf stets von viel Arbeit erfüllt war, hat sie meine beiden Schwestern und mich schon früh eingebunden und jedem von uns eigene Aufgaben übertragen. Das war oft beschwerlich – doch ich denke gerne daran zurück; diese Kindheit auf dem Lande hat mich sehr geprägt und heute bin ich dankbar dafür. Essen und Genießen sind für mich von jeher mit dem Bewusstsein verbunden, dass es unerlässlich ist, auch etwas dafür zu tun, dass der Tisch gut bestellt ist. Eine nachhaltige Erfahrung, denn wie unvergleichlich hat mir all das geschmeckt, was ich von eigener Hand gehegt, gepflegt und geerntet hatte. Und diese besondere Freude daran ist mir bis heute geblieben.

Mein

KRÄUTER-
GARTEN
& ICH

FRISCHE KRÄUTER – DIE PURE LUST

Einfach zur Türe hinausgehen und sich spontan inspirieren lassen – sehen, schmecken, riechen, fühlen und der Kreativität freien Lauf lassen.

Im Jahr 1983 bin ich nach Guldenburg gekommen; ich habe dort als Küchenchef im damaligen Restaurant meiner Frau begonnen und nicht annähernd vorausahnen können, was diese Entscheidung für meine Zukunft bedeuten würde. Ich sollte hier sehr bald feststellen, dass dieser Ort weit entfernt von meinen bisherigen Stationen und Lebensmittelpunkten Berlin, München und Paris ist – und das nicht allein geografisch. Ich meine das keineswegs überheblich, sondern vielmehr im Hinblick darauf, wie schnell man gewisse Annehmlichkeiten und den Luxus des Angebots der Großstädte annimmt, ohne darüber nachzudenken. Verwöhnt von der riesigen Auswahl an frischen Produkten, habe ich sie über die Zeit offensichtlich als Selbstverständlichkeit betrachtet. Ein Einkaufsgang auf dem Bad Kreuznacher Markt sollte mir diesbezüglich die Augen öffnen und zu einem Schlüsselerlebnis werden. Die Antwort der Marktfrau auf meine Frage nach frischer Minze hat mich völlig verblüfft: »Pfefferminztee bekommen Sie im Lebensmittelgeschäft!« Fest davon überzeugt, dass mich die Dame wohl missverstanden haben musste, habe ich es gleich noch einmal versucht; aber nein, ich hatte ganz richtig gehört: Frische Minze war hier nicht im Sortiment. Mit ein wenig Verhandlungsgeschick und großzügigem Charme habe ich mein Gegenüber zwar für eine Zeit dafür gewonnen, mir meine Kräuter vom Großmarkt zu besorgen, aber dieser Handel mit mir hat sich offenbar nicht rentiert. »Sie kaufen

immer nur ein, zwei Bund, auf dem Rest bleibe ich sitzen, junger Mann, das lohnt sich für mich nicht.« Da war selbst mit bestem Zureden nichts mehr zu machen, diese Quelle war versiegt und ich musste eine andere Lösung finden.

Damit war das Initial gesetzt und wir haben begonnen, die Kräuter für unsere Küche selbst zu ziehen; zunächst noch in einem ganz kleinen Rahmen, im Garten hinter dem Restaurant; mit einem Minzebeet hat es angefangen und sich dann immer weiter entwickelt; es hat sich gewissermaßen verselbständigt. Und wie haben wir es fortan genossen, einfach nur aus der Türe hinaus zu gehen und frisch zu schneiden, was es für den Tag braucht: Petersilie, Schnittlauch, Thymian, Rosmarin, Salbei, Estragon, Melisse und Minze – jetzt war alles da und diese Vorzüge wollte ich nie wieder missen. Der Umzug auf die Stromburg 1994 hat uns dann in dieser Hinsicht völlig neue Möglichkeiten eröffnet – hier war mächtig

Mehr als nur ein Kräutergarten

Auf der Stromburg ist er zu Hause und so sollen sich dort auch seine Gäste fühlen. Jeder darf im burgeigenen Kräutergarten flanieren, sehen, riechen, schmecken und fühlen, wie reich uns die Natur beschenkt. Und wer möchte, genießt auch die Köstlichkeiten aus der Küche dort: am Chef's table mitten im Kräutergarten.

»Wäre ich nicht Koch, ich wäre Gärtner geworden; es hat mich immer fasziniert, dabei zuzusehen, wie die Natur mit den ersten Sonnenstrahlen im Frühjahr aus dem Winterschlaf erwacht.«

Platz und die Außenanlage sollte ja ohnehin neu gestaltet werden. Was also lag näher, als hier einen Kräutergarten zu planen?

SINNLICHKEIT ZWISCHEN MAUERN

Heute zählt unser Kräutergarten fraglos zu meinen erklärten Lieblingsplätzen auf der Stromburg. Auf rund 80 Quadratmetern gedeihen hier rund um das Jahr Küchenkräuter, essbare Blüten und Heilpflanzen in üppiger Vielfalt und Fülle. Die Düfte, die Farben, das Licht- und Schattenspiel, das den Blick mit dem Sonnenstand in verschiedene Richtungen lenkt und die ganze Palette der Grüntöne auf eindrucksvolle Weise in Szene setzt; das alles bereichert die Sinne. Ich habe mich oft gefragt, ob ich es mir vielleicht nur einbilde, aber nirgendwo kann ich besser entspannen und abschalten. Hier kann ich sogar einmal nichts tun, einfach nur sein und den Augenblick genießen, ich kann das zulassen, und das ist sehr ungewöhnlich für mich. Es mag sein, dass es viel mit der inneren Einstellung zu tun hat, damit, sich bewusst einen Ort zu schaffen, an dem man sich ganz einfach rundum wohlfühlt. Dieser historische Grund, die alten, von Schießscharten durchbrochenen Mauern, an denen das Bruchgestein herunterbröckelt und Efeu, Wein und andere Rankgewächse hinaufklettern, das alles erzeugt nicht nur eine einzigartige Atmosphäre, es lässt einen richtigen Wärmekessel entstehen, der sich für uns als wunderbare Fügung erweist. Das sind natürlich perfekte Voraussetzungen, doch die braucht es gar nicht, um sich zu Hause einen feinen Grundstock anzulegen und die eigenen frischen Kräuter in der Küche zu nutzen. Schon mit wenigen Töpfen und deutlich geringerem Aufwand lassen sich Balkon oder Terrasse selbst auf engstem Raum in Aroma-Oasen verwandeln,

»Kräuter sind die Blumen der Köche, es geht einfach nicht ohne – sie sorgen für herrliche Frische und geschmackliche Intensität.«

Ernten – gewusst wie

Schneiden Sie Kräuter grundsätzlich mit der Schere und verzichten Sie darauf, einzelne Blättchen abzuzupfen; so können die Pflanzen neu austreiben, sich besser verzweigen und entwickeln.

an denen man sich täglich erfreut. Und das ist das eigentlich so Sympathische und wirklich Großartige daran: Im Grunde reicht ein Platz auf der Fensterbank schon völlig aus.

Wer bisher wenig bis gar keine Erfahrung mit der Pflanzung und Pflege von Kräutern hat, sollte für den Anfang eher robuste Sorten wählen: Rosmarin, Thymian, Salbei, Majoran oder auch Melisse zeigen sich relativ anspruchslos und überstehen in der Regel selbst Frostperioden gut. Es lohnt sich, wie bei allem, nach qualitativ hochwertiger Ware Ausschau zu halten: Die Pflanzen sollten gesund und frisch aussehen, stabile Stängel und eine satte Farbe aufweisen; wirken sie blass oder gelblich, ein wenig lasch und hoch aufgeschossen, kann dies ein Indiz dafür sein, dass es sich um zu schnell hochgezogene Kandidaten handelt, bei denen das Risiko groß ist, dass sie rasch eingehen. Bei der Standortwahl sind bevorzugt sonnige oder halbschattige Plätze zu wählen. Sollten Sie unsicher sein, lassen Sie sich von einem Fachmann beraten, denn solch ein Gespräch vermittelt immer nützliche Tipps.

LEBEN FÜR DEN GESCHMACK

In der Küche zählen Kräuter heute fraglos zu den elementaren Grundprodukten. Und nicht nur Klassiker sind gefragt wie Petersilie, Schnittlauch, Thymian, Dill und Estragon. Alte Sorten wie Beifuß, Borretsch, Pimpinelle oder Brunnenkresse sind wieder entdeckt und permanent kommen spannende neue Züchtungen auf den Markt, die das Repertoire erweitern. Zu meinen liebsten Entdeckungen gehört die Stevia, die eine willkommene Alternative zu künstlichen Süßstoffen bietet. Die Bandbreite der Geschmacksnuancen nimmt stetig zu und ist in ihrem Facettenreichtum unvergleichlich – von bitter über erdig und

Lieblingsplatz à la saison
Das liebevolle Arrangement von Beeten, Amphoren und Kübeln,
in denen Kräuter, essbare Blüten und Heilpflanzen gedeihen,
macht den Garten zum wandlungsfähigen Lieblingsplatz.

»Die Natur hat mich schon sehr früh eingenommen und
so geht es mir bis heute noch; wir können so viel von ihr lernen
und auf viele andere Lebensbereiche übertragen.«

Zuwendung und Fleiß werden belohnt
Kräuter brauchen, wie alle Pflanzen, ein klein wenig
Zuwendung und Pflege. Trotzdem muss der Aufwand beim
Gärtnern nicht groß sein, um reichen Lohn zu ernten.

Je älter die Pflanze, umso intensiver das Aroma
Ein langjähriger natürlicher Wachstumsprozess prägt einen intensiven Geschmack; mit jedem Jahr steigert sich die Kraft der Pflanzen und mit ihr die Intensität der Aromen. Regelmäßiger Rückschnitt sorgt für buschiges Wachstum und eine schöne Form.

»Es ist sehr wichtig, den Geschmack von Kindern von Beginn an zu schulen; wer mit frischen Produkten groß geworden ist, wird sich dies auch als Erwachsener bewahren.«

mineralisch bis scharf, von sauer und grasig über menthol- bis zitrusartig zu lieblich und fruchtig-süß. Damit eröffnen sich mannigfaltige Möglichkeiten für unzählige kontrastvolle Kombinationen - und genau darin liegt für mich der besondere Reiz. Mit wenig Aufwand lässt sich ein überraschender Gaumenkitzel erzeugen, der die Speisen harmonisch abrundet und eindrucksvoll aufwertet.

GESCHMACKSERLEBNISSE PRÄGEN

Nie werde ich meinen ersten Lachs mit Sauerampfer vergessen, den mir Eckart Witzigmann serviert hat; das war eine Aromenexplosion, die mich beeindruckt hat. Aber nicht nur die anspruchsvolle Küche führt zu solchen bleibenden Erinnerungen. Meine ersten intensiven Begegnungen mit Kräutern führen mich wieder weit in meine Kindheit zurück; wie haben wir die Sauerampferblätter geliebt, die meine Mutter mit Wasser benetzt und in Zucker getaucht hat – dieses herrliche Prickeln auf der Zunge, dieser Kontrast von Süße und Säure, das waren unsere Drops. Oder die verquirlten Eier in Butterschmalz, die mein Großvater in liebgewonnener Regelmäßigkeit für mich zubereitet hat – ich war ganz wild danach. Als Bub habe ich mir nie Gedanken darüber gemacht, was wohl das Besondere daran war, aber es ist mir in wacher Erinnerung geblieben, dass er dafür ein Kraut aus unserem Garten verwendet hat. Erst Jahrzehnte später habe ich meine Mutter danach gefragt, was es wohl gewesen sein könnte, den Garten gab es längst nicht mehr und wir konnten nur Vermutungen darüber anstellen; es muss wohl eine Art brauner Minze gewesen sein – also Rührei mit Minze – und es war das Größte für mich. Ich sage immer, der Gaumen vergisst nicht und erkennt instinktiv, was gut ist, man muss es ihm nur anbieten.

Guter Geschmack ist erlernbar
Kleinkinder haben intensive Kräuter wie Rosmarin, Majoran oder Liebstöckel oft nicht so gern; sie folgen dabei jedoch ihrem natürlichen Instinkt, der auf Bitterstoffe ablehnend reagiert, weil er sie als Anzeichen für Fäulnis interpretiert. Das legt sich aber mit zunehmendem Alter.

KRÄUTER IN MEINER KÜCHE

Sie stehen für Frische, machen mit ihrem würzigen Duft Appetit und sind obendrein noch gesund: Ohne Kräuter geht es nicht in der feinen Küche.

Frische Kräuter würzen Gerichte wahrscheinlich schon viel länger als Salz oder so manches Gewürz. Und wenn man an einem sommerwarmen Tag in meinen Kräutergarten kommt, ahnt man auch, warum: Der herrliche Duft, den die verschiedenen Pflanzen verströmen, animiert dazu, sie zu pflücken und zum Kochen zu verwenden. So kamen die Menschen vermutlich schon sehr früh auf die Idee, ihre recht einfachen und geschmacklich wohl eher eintönigen Speisen mit den würzigen Blättchen von wild wachsenden Kräutern, wie Oregano oder Thymian, zu verfeinern.

VIELFALT AUS MUTTER NATUR

Erst Jahrhunderte später begann man Kräuter auch gezielt zu kultivieren. Im Mittelalter waren Burgen und Klöster hier Vorreiter, denn in ihren Gärten pflegte und hegte man alles, was nicht nur essbar, sondern insbesondere auch für medizinische Zwecke dienlich schien. So manches Kraut war damals lebensentscheidend und das Wissen über heilende – oder auch schädigende Wirkungen von Kräutern – wurde über Jahrhunderte hinweg gesammelt und stetig erweitert. Bis heute profitieren wir von diesen Kenntnissen und nutzen sie auch in der Ernährung. Denn Garten- und Wildkräuter sind ein Naturgeschenk für die Küche. Sie bringen nicht nur Abwechslung in Speisen aller Art und schenken Gerichten ein frisches Aroma, sondern spenden auch reichlich Vitamine und Mineralstoffe und sparen Salz in der Zubereitung. Viele Landesküchen werden sogar von ganz speziellen Kräuteraromen geprägt: Was wäre die italienische Küche ohne Oregano oder Rosmarin? Was wäre Frankreich ohne Estragon und Lavendel? Und was die Asia-Küche ohne Koriander, Zitronengras oder Thai-Basilikum?

Kochen ist für mich ein kreativer Prozess, den
Kräuter entscheidend bereichern: Gängige Sorten
wie Schnittlauch, Basilikum oder Petersilie bilden
die Basis. Ausgefallene Arten und spezielle Züchtungen wie Zitronenthymian, Orangenminze,
Colakraut u.a.m. laden mich stets aufs Neue ein
zum Experimentieren. Die Vielfalt an verfügbaren
Kräutern ist riesig. Ob im eigenen Kräutergarten
gezogen, auf der Fensterbank kultiviert oder aus
dem Fachhandel: Frische Kräuter bereichern jedes
Gericht – probieren Sie es selbst aus.
Doch welche Kräuter für welchen Zweck? Und
wie verarbeitet oder bevorratet man sie fachge-
recht? Nachfolgend eine kleine Auswahl an
wichtigen Würzkräutern, wie man sie auch im
Küchengarten der Stromburg finden kann.

»Ein Kräutergarten ist
ein magischer Anziehungspunkt
für jeden Feinschmecker.
Auch ich lasse mich gerne in
diesem kleinen Duftparadies zu
Neuem inspirieren!«

1. BÄRLAUCH

Vorkommen: Als Wildwuchs von Sammlern geerntet oder von Gärtnern kultiviert, findet der »wilde Knoblauch« im Frühjahr seinen Weg in nahezu jeden Supermarkt.

Geruch und Aroma: Bärlauch riecht, wie er schmeckt: nach Knoblauch, aber etwas milder als dieser. Gekocht lässt sein Aroma ein wenig nach.

Verwendung: Obwohl die ganze Pflanze essbar ist, kommen meist nur die Blätter zum Einsatz. Ich verwende sie gewaschen und zerkleinert vor allem für Salate, Pesto, Saucen und Suppen.

2. BASILIKUM

Vorkommen: Kaum ein Kräutlein ist so beliebt wie Basilikum. Sein unvergleichliches Aroma und eine wachsende Vorliebe für mediterrane Genüsse führten dazu, dass man das aus Persien stammende Kraut heute fast überall auf der Welt findet.

Geruch und Aroma: Basilikum ist nicht gleich Basilikum, auch wenn viele Sorten würzig-aromatisch sind. Mittelmeerarten schmecken eher pfeffrig-süß, leicht nach Anis und Gewürznelken, andere Sorten erinnern an Zitrone und Zimt. Bei asiatischen Basilikumvarietäten dominieren dagegen Anis und Kampfer.

Verwendung: Basilikum sollte man stets frisch verwenden. Beim Mitgaren verliert das Kräutlein einen Teil seiner Würze, weshalb ich es erst kurz vor dem Servieren in schmale Streifen geschnitten

Würzfavorit Basilikum
Die vielen Sorten des wärmeliebenden Gewächses bieten eine große Aromenvielfalt. Neben dem klassischen Genoveser Basilikum führen vor allem klein- und rotblättrige Sorten wie das Strauchbasilikum oder exotische Varietäten wie Thai-Basilikum die Hitliste an.

Chiffonade schneiden

Um großblättrige Kräuter, z. B. Basilikum, in feinste Streifen zu schneiden, werden mehrere Blätter aufeinandergelegt, aufgerollt und sehr fein geschnitten.

(Bild oben) über das Gericht streue. Besonders gut passt Basilikum zu Salaten, Pesto (z.B. Pesto alla genovese), Antipasti, Knoblauch, Auberginen, Kartoffeln, Fisch, Meeresfrüchten, Eierspeisen und Tomaten, mit denen das unscheinbare Kraut die innigste Geschmacksverbindung vollzieht.

3. BEIFUSS

Vorkommen: Der »wilde Wermut«, wie Beifuß landläufig auch genannt wird, gedeiht fast überall und ist häufig als Wildwuchs an Weg- und Feldrändern anzutreffen. Die bis mannshohe Staude weist gefiederte Blätter auf, die auf der Oberseite dunkelgrün, auf der Unterseite silbrig weiß und filzig behaart sind.

Geruch und Aroma: Die würzig riechenden Blätter schmecken herb-aromatisch und leicht bitter.

Verwendung: Zum Würzen dienen von etwa Juli bis September die frischen oberen Triebspitzen oder ganze Beifußstängel, solange die Blüten

Zum besten Zeitpunkt ernten
Frische Kräuter sollte man am besten am späten Vormittag oder am frühen Nachmittag ernten, dann haben sie den höchsten Gehalt an ätherischen Ölen und das stärkste Aroma. Auch die Blüten können mitverwendet werden. Sie schmecken meist etwas feiner und geben einen hübschen Blickfang auf Salaten, Gemüsen, Saucen oder auch Süßspeisen ab.

»Manche Kräuter lieben
in der Küche aromatische
Gesellschaft. Andere, wie Dill
oder Estragon, sind eher
Würzsolisten, weil sie sehr stark
und individuell schmecken.«

noch ungeöffnet sind – danach werden die Blätter recht bitter. Im Volksmund auch »Gänsekraut« genannt, würzt Beifuß vor allem fettreiche Speisen wie Gans-, Enten- oder Schweinebraten. Das Würzkraut wird stets mitgegart, wobei es sein volles Aroma entfaltet. Beifuß lässt sich gut trocknen oder klein gehackt tiefkühlen.

4. BOHNENKRAUT
Vorkommen: Schon im Mittelalter war Bohnenkraut ein Gewürz für jedermann. Heute findet man Bohnenkraut fern seiner Urheimat an den Küsten des Schwarzen Meeres auch im Mittelmeerraum, in Asien und Amerika.
Geruch und Aroma: Das Aroma des stark duftenden Krauts ist zur Blütezeit am intensivsten. Seinem Beinamen »Pfefferkraut« macht es alle Ehre, denn Bohnenkraut schmeckt leicht pfeffrig-scharf, manche Sorten sogar beißend. Beim Kochen verschwindet die Schärfe jedoch.
Verwendung: Beim Würzen ist Fingerspitzengefühl gefordert, denn Bohnenkraut schmeckt schnell hervor. Oft genügt schon ein kurz vor Ende der Garzeit zugefügter Stängel zum Aromatisieren. Besonders gut passt Bohnenkraut zu Bohnen, Erbsen, Linsen, Kichererbsen, Kartoffeln, Blumen- und Rosenkohl, Tomaten, Geflügelfüllungen, Rindfleisch und Wild.

5. BORRETSCH
Vorkommen: In seiner ursprünglichen Heimat, dem Vorderen Orient, war Borretsch kein Würzkraut, sondern ein Gemüse, das man ähnlich zubereitete wie bei uns Spinat.
Geruch und Aroma: Die Pflanze verströmt einen gurkenähnlichen Duft, was ihr den Zweitnamen »Gurkenkraut« einbrachte. Die haarigen Blätter schmecken würzig, die himmelblauen Sternblüten haben ein zartes, feines Aroma.

Verwendung: Ich setze fein geschnittene Borretschblätter gerne als würzende Zugabe in Salaten ein, sie passen aber auch zu Hackfleisch, Geflügel und Fisch sowie Kräuterbutter. Die Blüten verfeinern als sommerliche Deko grüne Salate oder Gurkensalat. Man kann sie auch in Essig einlegen, dem sie ein feines Aroma und eine zartblaue Farbe verleihen.

6. DILL

Vorkommen: Die bei uns ebenfalls als »Gurkenkraut« bekannte Würzpflanze kennt man zwar in ganz Europa. Dennoch verlangen nur wenige Rezepte der französischen Kochkunst nach Dill, während er in der nord- und osteuropäischen Küche sogar als König der Kräuter gilt und reichlich verwendet wird. Neben den zarten dunkelgrünen Blättchen eignen sich auch die gelben Blütendolden sowie die getrockneten Früchte zum Würzen.

Geruch und Aroma: Dillgrün schmeckt süßlich-aromatisch, sehr intensiv und weist einen Hauch von Kümmelaroma auf. Die Blütendolden sind im Geschmack noch intensiver.

Verwendung: Weil Dill ein sehr starkes Eigenaroma hat, kombiniere ich ihn nur selten mit anderen Kräutern. Er verleiht Graved Lachs seinen unverwechselbaren Geschmack und prägt vor allem mittel- bis nordeuropäische Fischgerichte. Tatsächlich ist er aber ein fast unentbehrlicher Begleiter zu allen Gerichten mit Fisch und Meeresfrüchten, wie Krabben, Muscheln, Krebse etc. Darüber hinaus passt er gut zu Senf, Essig und eingelegtem Gemüse, z.B. zu Gurken.

7. ESTRAGON

Vorkommen: Wo Estragon seine Urheimat hat, ist strittig. Heute ist er im Mittelmeerraum sowie in den wärmeren Zonen Mitteleuropas, in Vorderasien, Indien und Amerika verbreitet.

Geruch und Aroma: Estragon schmeckt anisartig und bittersüß, wobei der etwas kleinblättrige Französische Estragon ein feineres Aroma hat als der robustere Deutsche Estragon.

Verwendung: Estragon lässt sich zwar trocknen, da er hierbei aber Aroma einbüßt, verwende ich ihn am liebsten frisch. Die Blätter und Triebspitzen werden vor der Blüte geerntet. Er passt gut zu Spargel, Gurken, hellem Fleisch, Fisch oder zartem Geflügel und aromatisiert Essig, Senf und klassischerweise Sauce Béarnaise. Estragon zählt neben Petersilie, Schnittlauch und Kerbel zu den klassischen »Fines herbes«, einer französischen Kräutermischung.

8. GARTENKRESSE

Vorkommen: Gartenkresse kennt man bereits seit der Antike. Heute gehört sie vor allem im Winter zu den Standardkräutern der Küche, denn sie hat nicht nur ein typisches und kräftiges Aroma, sondern ist das ganze Jahr über so schnell und einfach zu kultivieren wie kein anderes Kräutlein.

Curry-kraut

Aroma zum Mitkochen
Zum Würzen von Suppen, Fleisch-, Fisch-, Reis- und Gemüsegerichten kocht man ganze Zweige mit und entfernt sie vor dem Anrichten. Blätter und Blüten schmecken nach Curry und erinnern ein wenig an Salbei.

Geruch und Aroma: Ob im Kästchen gekauft, im Beet draußen oder im Kresse-Igel auf der Fensterbank gewachsen, die kleinen Kresse-Keimlinge schmecken intensiv würzig bis beißend scharf. Ihr Aroma erinnert mich an Senf und Rettich.

Verwendung: Frisch geschnittene Gartenkresse würzt Salate, Suppen, Quark- und Eierspeisen sowie Kräuterbutter und -saucen. Sie zählt zu den sieben Kräutern, die traditionell in die Frankfurter Grüne Sauce gehören.

9. KERBEL

Vorkommen: Weltweit kennt man 15 Kerbelarten, aber nur der sogenannte Echte Kerbel dient als Würzmittel. Er kam über Südosteuropa aus Asien zu uns. Die Römer schätzten ihn sehr und brachten ihn nach Gallien, Britannien und ins südliche Germanien. Heute hegt man ihn in ganz Eurasien, in Afrika und Amerika.

Geruch und Aroma: Das zarte gefiederte Blattgrün riecht fein-würzig und schmeckt wie eine Mischung aus Petersilie, Fenchel und Anis. Sein Aroma ist unverwechselbar und so fein, dass ich das Kraut meist recht großzügig einsetze.

Verwendung: Am häufigsten verwende ich ihn für Salate, Suppen, pikante Quark- und Eierspeisen und die Frankfurter Grüne Sauce. In Süddeutschland ist er die Hauptzutat in der Kerbelsuppe, die traditionell am Gründonnerstag gegessen wird. Darüber hinaus gehört Kerbel zu den französischen »Fines herbes«.

10. KORIANDER

Vorkommen: Das auch als »Chinesische« bzw. »Arabische Petersilie« oder »Cilantro« bezeichnete Kraut eroberte vermutlich vom östlichen Mittelmeerraum aus die Küchen der Welt. In Asien und Lateinamerika wird Koriander so häufig verwendet wie bei uns Petersilie.

Geruch und Aroma: Das eigenwillig würzige, zitronenpfeffrige Aroma der dunkelgrünen glänzenden Blätter ist unverwechselbar.

Verwendung: Koriandergrün hat seinen festen Platz in der orientalischen, asiatischen und Tex-Mex-Küche. Es kommt als würzende Garnitur zum Einsatz, aromatisiert grüne Currypasten, sorgt für Geschmack in Pickles und Chutneys, Guacamole und kanarischer Mojo verde. Darüber hinaus passt es sehr gut zu Meeresfrüchten, wie man sie beispielsweise in der portugiesischen Landesküche zubereitet.

11. LIEBSTÖCKEL

Vorkommen: Im Volksmund auch als »Maggikraut« bezeichnet, zählte Liebstöckel schon im alten Rom zu den beliebtesten Würzmitteln. Über seine ursprüngliche Heimat wird spekuliert, vermutlich liegt sie im Mittelmeerraum oder in Zentralasien. Heute wächst Liebstöckel in nahezu jedem Kräuter- und Bauerngarten.

Lavendel

Ein Hauch von Sommer
Lavendel aromatisiert Lamm, Wild, Wildgeflügel, mediterrane Fischgerichte und Kürbis. Mit den Blüten parfümiere ich auch Eis, Cremes, Marinaden oder Honig. Sie lassen sich zudem für Garnituren kandieren.

Kräuter tiefkühlen

1. Kleinblättrige Kräuter (z. B. Oregano) oder aromatische Blüten wie Lavendel locker in geeignete Behäter geben und tiefkühlen. Für dekorative Eiswürfel die Blüten mit Wasser übergießen und tiefkühlen.

2. Großblättrige Kräuter wie Petersilie, Liebstöckel oder auch Schnittlauch zunächst zerkleinern. Mit wenig Wasser verrühren, in Eiswürfelbehälter portionieren und anschließend tiefkühlen.

Würze im Tiefkühlschlaf
Tiefkühlkräuter kommen dem Aroma frischer Kräuter am nächsten. Petersilie, Schnittlauch, Dill & Co. sind im Kälteschlaf bis zu 12 Monate haltbar.

Geruch und Aroma: Alle Teile der Pflanze, vor allem die großen Blätter, duften und schmecken unverkennbar nach Maggi und Sellerie.

Verwendung: Ich gare die grünen Blätter gerne in Fonds, Suppen, Eintöpfen und Schmorgerichten mit. Junge Triebe verfeinern auch Fisch, Fleisch, Salate, Kräuterquark und Würzbutter. Sie sollten sie dazu jedoch sehr fein schneiden oder hacken und sparsam dosieren, weil das starke Aroma schnell alles andere übertönt.

12. MAJORAN

Vorkommen: Der Zwergstrauch aus Kleinasien liebt die Wärme, daher findet man ihn heute vor allem im Mittelmeerraum. In Ost- und Mitteleuropa, z.B. auch in Deutschland, wächst in der Regel nur eine anspruchslosere einjährige Majoranart. Die filzig behaarten Blätter kennt man landauf, landab auch als »Wurstkraut«.

»Majoran kann zu Vorratszwecken sehr gut tiefgekühlt oder getrocknet werden, verliert dabei aber schnell seine blumige Frische. «

Minzvarietäten
Das beste Aroma haben die Blättchen der verschiedenen Pfefferminzarten kurz vor oder während der Blüte. Unter den ausgefalleneren Varietäten gibt es viele mit mehr oder weniger starken Fruchtaromen.

Minzvarietäten

Das beste Aroma haben die Blättchen der verschiedenen Pfefferminzarten kurz vor oder während der Blüte. Unter den ausgefalleneren Varietäten gibt es viele mit mehr oder weniger starken Fruchtaromen.

Kräuter trocknen

1. Die Kräuter (hier Minze) möglichst nicht waschen, denn das erhöht die Schimmelgefahr. Die Stiele locker bündeln und kopfüber im luftigen Schatten aufhängen, bis sie rascheltrocken sind.

2. Alternativ kann man Kräuter auch bei Temperaturen bis zu 30 °C im Dörrgerät oder Backofen trocknen. Die getrockneten Blätter anschließend von den Stielen streifen und luftdicht verpackt lagern.

Geruch und Aroma: Frischer Majoran schmeckt süßlich-würzig, leicht harzig und hat oft eine erfrischend blumige Note.

Verwendung: Majoran ist das Wurstgewürz schlechthin, vor allem in Leberwurst sorgt er für Aroma. Darüber hinaus würzt er Fleisch- und Geflügelgerichte, Ragouts, Gemüse, Kartoffeln, Hülsenfrüchte, Suppen und Pasteten.

13. MINZE

Vorkommen: Die enorme Vielfalt an Minzen – man kennt weltweit ungefähr 600 Varietäten – lädt zu kulinarischen Entdeckungsreisen ein.

Geruch und Aroma: Die meisten Minzen schmecken kühl, erfrischend und leicht süßlich. Viele Züchtungen haben zudem ein ganz spezielles Aroma, wie Erdbeer-, Ananas-, Schokoladen-, Feigen-, Apfel-, Zitronen- und Orangenminze etc. Sehr intensiv und mit einem klaren Pfeffer-minzaroma wartet beispielsweise die Griechische Minze auf. Erfrischend mild schmeckt dagegen die Englische Grüne Minze, während Türkische Minze an Früchte und Kümmel erinnert.

Verwendung: Minze verwende ich vor allem für Fleischgerichte, insbesondere mit Lamm oder Hackfleisch. Sie verleiht aber auch Suppen, Salaten und Saucen ihr besonderes Aroma (z.B. Minzsauce), harmoniert mit Gemüse (z.B. Erbsen, Karotten, Zucchini und Hülsenfrüchte) und eignet sich für Süßspeisen, Desserts, Gebäck oder Getränke (z.B. Minztee, Mojito). Ich bevorrate Minze gerne getrocknet (Bildfolge oben).

14. OLIVENKRAUT

Vorkommen: Der würzige Exot gilt unter Köchen als der aufsteigende Stern unter den Kräutern. Olivenkraut wächst als winterharte Staude an jedem sonnigen und trockenen Plätzchen.

Kräuter zerkleinern

1. Petersilie, Kerbel, Koriander und andere Küchenkräuter mit eher weichen Blättern lassen sich schnell und einfach mit dem Wiegemesser bis zum gewünschten Feinheitsgrad zerkleinern.

2. Schnittlauch, der röhrenförmige Blätter besitzt, lässt sich am schnellsten mithilfe einer sauberen Küchenschere in feine Röllchen schneiden. Alternativ kann man ihn aber auch mit dem Messer schneiden.

3. Rosmarin, Salbei oder andere Kräuter, die ledrige oder harte Blätter aufweisen, werden in der Regel mit einem scharfen Küchenmesser in wiegenden Schnittbewegungen mehr oder weniger fein zerkleinert.

Geruch und Aroma: Die Blätter weisen ein ausgeprägtes Olivenaroma auf.

Verwendung: Ich ernte in der Regel ganze Stängel, von denen ich die einzelnen Blätter abzupfe. Sie eignen sich ganz oder zerkleinert zum Aromatisieren von mediterranen Gerichten aller Art, z.B. Nudelgerichte, Pesto, Suppen, Salate oder würzige Fisch- und Fleischgerichte.

15. OREGANO

Vorkommen: Er gedeiht überall, wo ein warmes, gemäßigtes Klima vorherrscht. Seine wild wachsende Unterart heißt »Dost«. Manchmal wird Oregano auch als »Wilder Majoran« bezeichnet, was zwar botanisch nicht ganz korrekt ist, aber die geschmackliche Ähnlichkeit und enge Verwandtschaft der beiden Kräuter treffend beschreibt.

Geruch und Aroma: Oregano schmeckt würzig und herb-aromatisch, leicht scharf und oft etwas bitter. Zu den beliebten und etwas milderen Sorten zählen der »Kleinblättrige Oregano« und der »Goldoregano«. Besonders viel Aroma steckt beim Oregano in den Blüten.

Verwendung: Egal, ob kultiviert oder wild wachsend – ohne Oregano geht in der italienischen und griechischen Küche nichts! Er ist ein typisches Pizzagewürz, aromatisiert aber auch Saucen, Gemüse (z.B. Tomaten, Auberginen) sowie Grillfleisch. Oregano lässt sich perfekt trocknen; dabei verstärkt sich sein Aroma sogar noch.

16. PETERSILIE

Vorkommen: Des Deutschen liebstes Würzkraut kommt vermutlich aus dem östlichen Mittelmeerraum und Westasien. Die Blätter aller Arten waren ursprünglich glatt, durch Züchtung entstanden stark gekräuselte Sorten. Heute kultiviert und verwendet man Petersilie fast weltweit.

Geruch und Aroma: Petersilienblättchen und -stängel schmecken würzig-frisch und mild, wobei Sorten mit glatten Blättern in der Regel etwas aromatischer sind als krausblättrige.

Verwendung: Bis heute steht sie in der Rangliste der beliebtesten Essensdeko unangefochten auf Platz eins, wenngleich sie in dieser Rolle oftmals auf dem Teller liegen bleibt. Sie sieht aber nicht nur gut aus, sondern trifft auch in punkto Geschmack und Vielseitigkeit den Nerv. »Jedermanns Kräuterliebling« kommt frisch gehackt (Bildfolge links) Fisch- und Fleischgerichten ebenso zugute wie Suppen, Saucen, Salaten, Marinaden, Kartoffeln und Gemüse. Sie gehört ins Bouquet garni und in die »Fines herbes«. Ich bevorrate Petersilie gehackt und tiefgekühlt.

17. PIMPINELLE

Vorkommen: Das zartgrüne Würzkraut kennt man auch als »Pimpernelle«. Es ist in Europa in vielen Gärten als Wildwuchs heimisch, lässt sich aber auch leicht kultivieren. Pimpinelleblätter können auch in milden Wintermonaten noch frisch geerntet werden.

Geruch und Aroma: Der mild-würzige Geschmack der Blätter und Blüten erinnert ein wenig an Gurke.

Verwendung: Die Pimpinelle eignet sich sehr gut für Salate, Suppen, Saucen (z. B. Frankfurter Grüne Sauce) und Kräuterquark. Sie würzt aber häufig auch Getränke, Eierspeisen und Fisch.

18. ROSMARIN

Vorkommen: Das anspruchslose Gewürzkraut, das von jeher in den Küstenregionen des Mittelmeerraums wild wächst, wird bei uns seit dem Mittelalter kultiviert.

Geruch und Aroma: Das Kraftpaket unter den Würzkräutern hat ein eigenwilliges und sehr intensives Aroma, das sich durch nichts anderes vollständig übertönen lässt. Frischer Rosmarin schmeckt starkaromatisch, leicht rauchig-bitter und hat einen Hauch von Kampfer. Getrocknet verändert sich sein Geschmack, sodass die harzigen Noten dominieren.

Verwendung: Die nadelschmalen, etwas ledrigen Blätter des Rosmarins passen klein gehackt (Bildfolge links) hervorragend zu kräftigeren Fleischsorten wie Rind, Schwein, Lamm oder Wild, harmonieren fein dosiert aber sogar mit Kalb, Geflügel oder Fisch. Sie verbessern Saucen und Beizen, veredeln Kartoffeln, Pilzgerichte, Ratatouille oder Tomaten. Ich liebe die verholzten Zweige als aromatischen Ersatz für Grillspieße, wie Rosmarin überhaupt das Grillgewürz schlechthin ist. Rosmarinliebhaber nutzen das Kräutleins darüber hinaus auch zum Parfümieren von Süßspeisen und Desserts (z. B. Eis).

Lorbeer

Würze des Südens
Die wrzigen Blätter des Küchenlorbeers, auch Echter Lorbeer genannt, aromatisieren Suppen, Eintöpfe, Fleisch- und Fischgerichte sowie Eingelegtes (z. B. Gurken, Heringe). Sie gehören auch ins Bouquet garni.

19. SALBEI

Vorkommen: Von den über 900 bekannten Salbeiarten spielen nur wenige eine kulinarische Rolle. Die meisten stammen aus dem Mittelmeerraum und beeindrucken durch eine Vielfalt an unterschiedlichen Blatt- und Blütenfarben und -formen. Zu den bei uns am weitesten verbreiteten Arten gehört der Gartensalbei. Unter uns Profiköchen sehr beliebt ist der Dalmatinische Salbei mit seinem etwas feineren Aroma.

Geruch und Aroma: Alle Pflanzenteile des Salbeis riechen aromatisch-würzig, fruchtige Arten, wie beispielsweise Ananassalbei, duften arttypisch. Der Geschmack von Salbei verändert sich mit dem Alter der Blätter: Junge Blätter sind je nach Sorte kampferartig bis fruchtig-süß und wirken leicht adstringierend, ältere Blätter schmecken zum Teil etwas bitter.

Verwendung: Kalbfleisch (z.B. Saltimbocca), Fisch (z.B. Aal), Schwein, Lamm, Geflügel, Wildgeflügel sowie Leber harmonieren perfekt mit Salbei. In Butter knusprig gebraten begleiten Salbeiblätter Pasta, Gnocchi oder Kartoffeln. Gelegentlich würzt Salbei auch Wein und Wermut.

Salbei verträgt Hitze gut und kann daher in Gerichten mitgegart werden. Er verliert dabei sogar seine Bitterkeit. Frische Salbeiblätter lassen sich auch tiefgekühlt bevorraten. Ich lege sie dazu zwischen geöltes Back- oder Pergamentpapier.

20. SCHNITTLAUCH

Vorkommen: Wo seine ursprüngliche Heimat liegt, ist unbekannt. Heute findet man »Schnittling«, wie er in weiten Teilen Deutschlands auch heißt, vor allem in den gemäßigten Zonen der Nordhalbkugel.

Geruch und Aroma: Sein frisches, mildes Zwiebelaroma paart sich mit einer leichten Schärfe, kommt aber erst dann voll zum Tragen, wenn die röhrenförmigen Blätter zerkleinert werden (Bildfolge S. 28).

Verwendung: Schnittlauch verträgt keine Hitze, daher verwende ich ihn stets frisch. Er würzt Salate, Saucen, Suppen, Eierspeisen, Kräuterquark und Frischkäse, harmoniert aber auch mit Kartoffeln, Fisch oder Fleisch (z.B. Rindfleisch). Schnittlauch gehört in die klassische französische Mischung der »Fines herbes«. Unzerkleinerte Halme sowie die frischen kugeligen Schnittlauchblüten sind eine beliebte essbare Garnitur.

21. THYMIAN

Vorkommen: Sein mediterranes Flair kommt nicht von ungefähr: Mit Oregano und Majoran verwandt, wächst der wohlduftende Thymian fast überall in den gemäßigten Zonen auch wild, bevorzugt auf eher kargen Böden. Obwohl es mehrere hundert Thymianarten gibt, sind nur eine Handvoll Sorten von Bedeutung für die Küche. Dazu gehören vor allem Garten-, Zitronen- und Feldthymian (Quendel).

Geruch und Aroma: Quendel ist milder als Gartenthymian, der sehr aromatisch, würzig-bitter

Duft-Pelargonie

Extravagante Würze
Ihre Blätter schmecken je nach Sorte zitronig oder nach Pfirsich, Orange, Minze, Rose, Muskat oder Pfeffer. Die Duftpelargonie liefert zudem hübsche Blüten als essbare Dekoration.

und mehr oder weniger scharf ist. Zitronenthymian schmeckt darüber hinaus zitronig frisch.

Verwendung: Thymian prägt die mediterrane Küche. Er aromatisiert nicht nur Fleisch, Wild, Geflügel und Fisch, sondern auch Pizza und Pasta, Suppen und Saucen. Er passt zu vielen Gemüsesorten, z.B. Paprika, Zucchini, Auberginen, Tomaten und Kartoffeln, und kann Salate sowie Essig und Öl verfeinern. Thymian gehört außerdem in die Herbes de Provence und ins Bouquet garni. Hitze macht Thymian nichts aus, weshalb ich ihn oft einfach mitgare. Er eignet sich bestens zum Trocknen und wird dann in der Regel gerebelt, d.h., zwischen den Fingern zerrieben, damit sich sein intensives Aroma voll entfaltet.

Wo würzige Vielfalt gedeiht
Wer Platz und etwas Muße hat, um seine eigenen Kräuter zu kultivieren, erhält weitaus mehr als nur Würzmittel für die Küche: Die grüne Oase ist ein betörend duftender Ort, der Genießer in seinen Bann zieht. Genuss, Entspannung und Inspiration sind hier für jeden greifbar nahe.

»Kräuter passen zu fast jedem Gericht und in meinem Küchengarten kann ich für meine Kreationen aus dem Vollen schöpfen!«

Schätze der Natur

Viele Küchenkräuter, wie etwa Borretsch oder Pimpinelle, gedeihen auch wild wachsend in Mutter Natur. Wer sie hier selbst sammeln möchte, sollte dies nur unter sachkundiger Anleitung tun.

22. WALDMEISTER

Vorkommen: Das bereits im Mittelalter hoch geschätzte Duftkraut ist in Europa, Nordamerika und Afrika heimisch. Man findet es wild wachsend vor allem in schattigen Laubwäldern, Waldmeister lässt sich aber auch im Garten kultivieren. Die im Wonnemonat erblühende Staude trägt auch den Beinamen »Maikraut«.

Geruch und Aroma: Waldmeister entfaltet seine volle Würze erst, wenn er leicht welk ist. Er duftet angenehm aromatisch und leicht süßlich nach Heu und Vanille.

Verwendung: Das Kraut aromatisiert Getränke (z.B. Maibowle) oder parfümiert Desserts (z.B. Sorbet). In meiner Heimat Österreich kennt man einen Rinderbraten, für den das Fleisch mit Waldmeisterbüscheln mariniert wird. In der Küche frische Stängel etwas anwelken lassen und rezeptgenau dosieren, da Waldmeister Cumarin enthält, das gesundheitsschädlich wirken kann.

23. ZITRONENMELISSE

Vorkommen: Die Verwandte der Minze wird schon seit mehr als 2000 Jahren zu Nahrungszwecken genutzt.

Geruch und Aroma: Die buschige Staude verbreitet einen intensiven Zitronenduft. Die Blätter schmecken zitrusartig und sehr erfrischend.

Verwendung: Die meisten Zitronenmelisse-Arten verlieren beim Mitgaren und Trocknen ihr Aroma, daher verwende ich sie frisch und gebe sie den Speisen erst ganz kurz vor dem Servieren zu. Fein geschnitten verleihen die frischen Blätter Saucen, Suppen, Salaten, Fischgerichten, Füllungen, Chutneys, Süßspeisen, Obstsalaten und Mixgetränken ihr typisches Aroma.

24. ZITRONENVERBENE

Vorkommen: Das ursprünglich südamerikanische Gewächs ist in Europa erst seit dem 18. Jahrhundert bekannt. Man kennt es auch unter den Namen »Verveine«, »Verbene« oder »Eisenkraut«.

Geruch und Aroma: Die schmalen, spitz zulaufenden Blätter enthalten reichlich ätherische Öle, die für ein reines, intensives Zitronenaroma ohne Säure verantwortlich sind.

Verwendung: Zerkleinert würzen Verbenenblätter vor allem Süßspeisen, Obstsalate und Desserts. Sie passen aber auch gut zu Fisch, Geflügel, Saucen, Marinaden sowie zu vielen asiatischen Gerichten, in denen Verbene das Zitronengras ersetzen kann. Ich trockne Verbene meist für den Vorrat, da die Blätter lange ihr Aroma behalten.

Orangen-Thymian

Vielfalt durch Züchtung
Unter den mehreren hundert Thymianarten, die man weltweit kennt, erobern zunehmend fruchtige Züchtungen die Küche. Vor allem Orangen- oder Zitronenthymian sind unter Feinschmeckern geschätzt.

Meine
BESTEN
KRÄUTER-
BASIC-
Rezepte

Mit Rosmarin

ORANGEN-ROSMARIN-ÖL

Zutaten:

2 Bio-Orangen
4 Kardamomkapseln
4–5 Zweige Rosmarin
3 Sternanis
1 Prise gemahlener Safran
1 Prise gemahlener Zimt
½ l Olivenöl extra vergine

Für ½ l Öl
Ziehzeit ca. 7 Tage
Zubereitungszeit ca. 15 Min.

1. Die Orangen heiß waschen, gut trocken reiben und die Schale hauchdünn abschälen, sodass möglichst keine weiße Schalenhaut daran hängen bleibt. Die Kardamomkapseln in einen Mörser geben und etwas andrücken.

2. Die Orangenschalen zusammen mit dem Rosmarin und den Gewürzen in eine saubere Flasche geben. Mit dem Olivenöl aufgießen, die Flasche verschließen und das Würzöl an einem kühlen, dunklen Ort mindestens 7 Tage ziehen lassen.

3. Das Orangen-Rosmarin-Öl ist ideal zum Aromatisieren von Salaten, passt sehr gut zu Spargel und Meeresfrüchten, wie etwa Jakobsmuscheln. Es ist aber auch hervorragend geeignet, um einem Obstsalat ein besondere Note zu verleihen.

Mit Basilikum

BASILIKUMÖL

Zutaten:

100 g Basilikumblätter
200 ml Olivenöl

Für 200 ml Öl
Ziehzeit ca. 12 Std.
Zubereitungszeit ca. 15 Min.

1. Die Basilikumblätter in kochendem Wasser 10 Sekunden blanchieren. Anschließend in Eiswasser abschrecken und sehr gut ausdrücken. Das ausgedrückte Basilikum mit Olivenöl im Mixer sehr fein pürieren und über Nacht im Kühlschrank ziehen lassen.

2. Am nächsten Tag das aromatisierte Basilikumöl durch einen Kaffeefilter ablaufen lassen. Gut verschlossen im Kühlschrank aufbewahren. Es passt gut zu Tomaten und Blattsalaten, aber auch zu Fisch und Meeresfrüchten.

Mit Minze

MAROKKANISCHER MINZESIRUP

Zutaten:

30 Stängel Marokkanische Minze
½ Bio-Zitrone
500 g Zucker
1 Zimtstange
8 Pimentkörner
½ TL Korianderkörner

Für 1 l Sirup
Ziehzeit 12 Std.
Zubereitungszeit ca. 15 Min.

1. Die Minze waschen und trocken schütteln. Ein paar Stängel Minze beiseite legen. Von der restlichen Minze die Blättchen von den Stielen zupfen. Die Zitrone heiß abwaschen, trocken reiben und die Schale ohne die weiße Schalenhaut in breiten Streifen abziehen.

2. Die Zitronenstreifen mit den Minzeblättchen in die Schüssel geben und das Ganze mit ½ l kochendem Wasser übergießen. Die Schüssel mit Frischhaltefolie abdecken, das Ganze abkühlen und über Nacht im Kühlschrank ziehen lassen.

3. Am nächsten Tag das Minzwasser durch ein Sieb abgießen, auffangen, mit dem Zucker mischen und 10 Minuten köcheln lassen. Die Zimtstange, Piment- und Korianderkörner in eine Flasche geben und mit dem heißen Sirup übergießen. Im Kühlschrank aufbewahren. Der Sirup eignet sich für Fruchtsalat oder Cocktails.

Mit Thymian

ZITRONEN-THYMIAN-ESSIG

Zutaten:

2 Bio-Zitronen
1 TL Korianderkörner
1 TL Honig
200 ml Aceto balsamico bianco
4–5 Zweige Zitronenthymian

Für ¼ l Essig
Ziehzeit ca. 7 Tage
Zubereitungszeit ca. 15 Min.

1. Die Zitronen heiß waschen und trocken reiben. Von 1 Zitrone hauchdünn die Schale abschälen. Beide Zitronen halbieren und auspressen. Die Korianderkörner im Mörser zerstoßen. Den Zitronensaft mit dem Koriander und dem Honig mischen, auf die Hälfte einkochen lassen, vom Herd ziehen und den Essig unterrühren.

2. Den Thymian waschen, gut trocken schütteln und mit der Zitronenschale in eine saubere Flasche geben. Die Essig-Zitronensaft-Mischung dazugießen. Den Essig verschlossen mindestens 7 Tage im Kühlschrank ziehen lassen. Er eignet sich zum Herstellen von aromatischen Salat-Dressings, Saucen oder Suppen sowie zum Verfeinern von Meeresfrüchten, Fisch- oder Geflügel-Gerichten.

Mit gemischten Gartenkräutern

KRÄUTERBUTTER-VARIATIONEN

Gartenkräuter-Butter:

ca. 80 g gemischte Gartenkräuter
(Petersilie, Kerbel, Dill, Sauerampfer)
250 g weiche Butter · Salz
Cayennepfeffer · 2 EL Zitronensaft
1 Bund Schnittlauch
1 Kästchen Gartenkresse
1 TL scharfer Senf

Für 10–12 Portionen
Zubereitungszeit ca. 2 Std.

Tomaten-Kräuter-Butter:

100 g eingelegte, getrocknete
Tomaten · 5–6 Stängel Basilikum
je 5 Zweige Oregano und Thymian
2 Zweige Rosmarin
3–4 Salbeiblätter
250 g weiche Butter
1 EL Tomatenmark
Salz · 2 TL edelsüßes Paprikapulver

Für 10–12 Portionen
Zubereitungszeit ca. 2 Std.

Orangen-Safran-Butter:

2 Bio-Orangen · 1 Prise Safranfäden
5–6 Stängel Estragon
5–6 Stängel Bronzefenchel
250 g weiche Butter · Salz
Cayennepfeffer

Für 8 Portionen
Zubereitungszeit ca. 2 Std.

1. Für die Gartenkräuter-Butter die Kräuter waschen, gut trocken schütteln und die Blättchen von den Stielen zupfen. Die Hälfte der Butter in einem Topf schmelzen lassen. Die Kräuterblättchen, Salz, Cayennepfeffer und Zitronensaft dazugeben und alles fein pürieren. Den Schnittlauch waschen, trocken schütteln und in feine Röllchen schneiden. Die Gartenkresse vom Beet schneiden.

2. Die restliche Butter mit einem Handrührgerät cremig rühren. Die flüssige Kräuterbutter, die Kresse, die Schnittlauchröllchen und den Senf unterrühren. Die Gartenkräuter-Butter in einer länglichen Bahn auf einen Bogen Backpapier geben, einrollen und die Rolle für 1 bis 2 Stunden in den Kühlschrank legen. Gartenkräuter-Butter schmeckt pur auf Brot und passt gut zu Fisch oder Kartoffeln.

3. Für die Tomaten-Kräuter-Butter die eingelegten Tomaten abtropfen lassen und in sehr kleine Würfel schneiden. Die Kräuter waschen, trocken schütteln, die Blättchen bzw. Nadeln von den Stielen zupfen und möglichst fein hacken. Die Butter cremig rühren. Die Tomaten, die gehackten Kräuter und das Tomatenmark hinzufügen und unterrühren. Die Butter mit Salz und Paprikapulver würzen.

4. Die Buttermischung in einer länglichen Bahn auf einen Bogen Backpapier geben, einrollen und die Rolle für 1 bis 2 Stunden in den Kühlschrank legen. Die Tomaten-Kräuter-Butter passt gut zu Lamm oder Kaninchen, aber auch zu Fisch, Hühnchen und Artischocken oder anderem mediterranen Gemüse.

5. Für die Orangen-Safran-Butter die Orangen heiß waschen, trocken reiben und die Schale fein abreiben. Die Früchte halbieren und den Saft auspressen. Den Orangensaft mit der abgeriebenen Schale und dem Safran in einen Topf geben und sirupartig einkochen, dann etwas abkühlen lassen.

6. Den Estragon und den Bronzefenchel waschen, trocken schütteln, die Blättchen von den Stielen zupfen und fein hacken. Den Orangen-Safran-Sirup nach und nach unter die weiche Butter rühren. Die

gehackten Kräuter untermischen. Die Buttermischung mit Salz und Cayennepfeffer kräftig würzen, in einer länglichen Bahn auf einen Bogen Backpapier geben, einrollen und die Rolle für 1 bis 2 Stunden in den Kühlschrank legen.

7. Die Orangen-Safran-Butter passt perfekt zu gegrillten Meeresfrüchten (z.B. Jakobsmuscheln) und gegrilltem oder gebratenem Fisch. Sie schmeckt aber auch gut zu Hühnchen oder Spargel.

Mit Basilikum

PESTO ALLA GENOVESE

Zutaten:

60 g Pinienkerne
2–3 Knoblauchzehen
100 g frisches Basilikum
150 ml mildes Olivenöl
50 g Parmesan
Meersalz · Cayennepfeffer
Olivenöl zum Bedecken

Für 4 Portionen
Zubereitungszeit ca. 20 Min.

1. Die Pinienkerne in einer beschichteten Pfanne ohne Fett goldbraun rösten, dabei gelegentlich umrühren, damit sie nicht anbrennen. Aus der Pfanne nehmen und abkühlen lassen.

2. Die Knoblauchzehen abziehen und grob hacken. Das Basilikum abbrausen und sehr gut trocken schütteln oder schleudern. Die Blätter von den Stielen zupfen und grob hacken.

3. Den Knoblauch, die Pinienkerne, das gehackte Basilikum und das Olivenöl in einen hohen Becher geben und mit einem Pürierstab oder im Mixer zu einer cremigen, nicht zu feinen Masse verarbeiten (Step 1). Den Parmesan fein reiben und untermischen (Step 2).

4. Das Pesto mit Salz und Cayennepfeffer abschmecken. Zum Lagern möglichst in dunkle Gläser füllen und das Pesto stets mit einem dünnem Olivenölfilm bedecken.

Pesto herstellen

1. Die gerösteten Pinienkerne, den Knoblauch, das Basilikum und das Olivenöl im Mixer nicht zu fein pürieren.

2. Den frisch geriebenen Parmesan hinzufügen und unterrühren. Das Pesto anschließend abschmecken.

Mit gemischten Kräutern

FRANKFURTER GRÜNE SAUCE

Zutaten:

1 sehr frisches Eigelb
2 TL mittelscharfer Senf
Salz · Cayennepfeffer
150 ml Öl (z.B. Sonnenblumen-
oder Maiskeimöl)
200 g gemischte Frankfurter
Kräuter (Petersilie, Kerbel,
Schnittlauch, Kresse, Pimpinelle,
Borretsch, Sauerampfer)
200 g Schmand
1 Prise Zucker
Saft von ½ Zitrone
5 Eier

Für 4 Portionen
Zubereitungszeit ca. 30 Min.

1. Das Eigelb in eine Schüssel geben und mit dem Schneebesen 1 TL Senf und je 1 Prise Salz und Cayennepfeffer unterrühren. Etwa die Hälfte des Öls tröpfchenweise dazugeben und kräftig unter die Eigelb-Senf-Masse schlagen. Das übrige Öl unter weiterem Schlagen in einem dünnem Strahl dazugießen und alles zu einer dick-cremigen Mayonnaise aufschlagen.

2. Die Kräuter waschen, trocken schleudern und die Blättchen von den Stielen zupfen. Zwei Drittel der Kräuterblättchen unzerkleinert zu der Mayonnaise in die Schüssel geben. Den restlichen Senf und den Schmand hinzufügen und das Ganze mit einem Pürierstab mixen, bis die Masse feincremig ist.

3. Die restlichen Kräuterblättchen fein hacken und anschließend unter die Sauce ziehen. Die Frankfurter Grüne Sauce mit Salz, Cayennepfeffer, Zucker und Zitronensaft würzig abschmecken. Bis zum Servieren zugedeckt kalt stellen.

4. Die Eier in kochendem Wasser in etwa 8 Minuten hart kochen. Anschließend abschrecken und auskühlen lassen. Die erkalteten Eier pellen, hacken und unter die Frankfurter Grüne Sauce ziehen. Die Sauce möglichst frisch verzehren.

»Meine klassische Rezeptur basiert auf der traditionellen Kräuterauswahl, aber man kennt auch regionale Varianten dieser Sauce, die teilweise andere Würzkräuter enthalten wie Dill, Zitronenmelisse oder Liebstöckel.«

Mit Petersilie und Koriander

MOJO VERDE

Für die Salzmantel-Patatas:

800 g grobes Meersalz
24 kleine festkochende Kartoffeln
3–4 Zweige Thymian
3–4 Zweige Rosmarin

Für die Mojo verde:

1 grüne Paprikaschote
1 grüne Peperoni
1–2 Knoblauchzehen
½ Bund glatte Petersilie
1 Bund Koriandergrün
100 ml Olivenöl
Salz · 1 Prise Zucker
Saft von ½ Limette

Für 4 Portionen
Zubereitungszeit ca. 1 Std.

1. Für die Salzmantel-Patatas den Ofen auf 200 °C (Ober-/Unterhitze) vorheizen. 300 g Meersalz gleichmäßig auf einem Backblech oder in einer Gratinform verteilen. Die Kartoffeln waschen, auf das Salz setzen und leicht in das Salz hineindrücken.

2. Die Thymian- und die Rosmarinzweige zwischen die Kartoffeln legen. Die Kartoffeln mit dem restlichen Meersalz vollständig bedecken. Das Blech oder die Gratinform in den heißen Ofen (mittlere Schiene) schieben und die Kartoffeln darin etwa 45 Minuten garen. In der Zwischenzeit die Mojo verde zubreiten.

3. Für die Mojo verde die Paprika und die Peperoni waschen, trocken reiben, der Länge nach halbieren, die Stielansätze, die Kerne und die helle Fruchthaut entfernen. Das Fruchtfleisch in grobe Stücke schneiden. Den Knoblauch abziehen und grob hacken.

4. Von der Petersilie und dem Koriander die dicken Stiele abschneiden. Die Kräuter waschen, sehr gut trocken schleudern und die Kräuterblättchen grob hacken. Den Knoblauch mit den Kräutern, Paprika- und Peperonistückchen sowie dem Öl fein pürieren.

5. Die Mojo mit Salz, Zucker und Limettensaft abschmecken. Die fertig gegarten Kartoffeln aus dem Ofen nehmen, die obere Salzschicht entfernen und die Kartoffeln mit der Mojo servieren.

Mojo verde herstellen

Mojo verde liebt man vor allem in Spanien, Portugal und Südamerika. Die würzige grüne Sauce, die hauptsächlich aus Paprika, Peperoni, Knoblauch, Petersilie, Koriander und Olivenöl besteht, hat dort auch eine rote Verwandte, die Mojo rojo. Ihre Hauptzutaten sind rote Paprikaschoten, Chilis, Knoblauch, Paprikapulver und Olivenöl. Mojos serviert man als Dip nicht nur zu Kartoffeln, sondern auch gerne zu Grillfisch oder -fleisch.

»Geronnene Mayonnaise lässt sich noch
retten, indem man sie löffelweise
unter ein weiteres frisches Eigelb schlägt. «

Mit gemischten Gartenkräutern

KRÄUTER-REMOULADE

Zutaten:

1 sehr frisches Eigelb
1 TL scharfer Senf
Salz · Cayennepfeffer
150 ml Öl (z.B. Sonnen-
blumen- oder Maiskeimöl)
1 Bund Dill
1 Bund Kerbel
3 Stängel glatte Petersilie
1 Bund Schnittlauch
2–3 TL Kapern
3 Sardellenfilets
2–3 mittelgroße Gewürzgurken
75 g Crème fraîche
1 Prise Zucker
Saft von ½ Zitrone

Für 4 Portionen
Zubereitungszeit ca. 30 Min.

1. Das Eigelb mit dem Senf und je 1 Prise Salz und Cayennepfeffer
in eine Schüssel geben und mit einem Schneebesen verrühren. Das
Öl zunächst tröpfchenweise unter die Eigelb-Senf-Masse schlagen,
dann in einem dünnem Strahl dazugießen und alles zu einer dick-
cremigen Mayonnaise aufschlagen.

2. Den Dill, den Kerbel und die Petersilie waschen und sehr gut
trocken schütteln oder schleudern. Die Kräuterblättchen von den
Stielen zupfen und fein hacken. Den Schnittlauch waschen, trocken
schütteln und in feine Röllchen schneiden.

3. Die Kapern, Sardellen und Gewürzgurken abtropfen lassen und
fein hacken. Anschließend mit der Crème fraîche unter die Mayonnaise rühren. Die Remoulade mit Salz, Cayennepfeffer, Zucker und
Zitronensaft abschmecken. Bis zum Servieren zugedeckt kalt stellen.

Mit gemischten Gartenkräutern

KRÄUTER-HOLLANDAISE

Zutaten:

1 Schalotte
8–10 schwarze Pfefferkörner
3 EL Weißweinessig
250 g Butter
100 g gemischte Gartenkräuter
(z.B. glatte Petersilie, Kerbel,
Dill, Estragon, Schnittlauch)
3 sehr frische Eigelbe
Salz · Cayennepfeffer
Saft von ½ Zitrone

Für 4 Portionen
Zubereitungszeit ca. 30 Min.

1. Die Schalotte schälen und klein würfeln. Die Pfefferkörner mit der breiten Seite der Messerklinge grob zerdrücken. Beides mit dem Weißweinessig und 75 ml Wasser mischen, aufkochen und auf etwa ein Drittel einkochen. Die Reduktion lauwarm abkühlen lassen.

2. Die Butter würfeln und bei mittlerer Hitze schmelzen, bis die Molke als Trübstoff zu Boden sinkt und die Butter klar wird. Die geklärte Butter behutsam durch ein feines Sieb in einen Messbecher gießen, die Molke zurücklassen.

3. Die gemischten Kräuter waschen und sehr gut trocken schütteln. Die Blättchen von den Stielen zupfen und möglichst fein hacken, den Schnittlauch in sehr feine Ringe schneiden.

4. Die lauwarme Schalotten-Reduktion durch ein Sieb in eine große Schlagschüssel gießen. Die Eigelbe hinzufügen. Die Schüssel auf ein heißes Wasserbad (75–80 °C) stellen und mit einem Schneebesen zu einem dick-cremigen Schaum aufschlagen (Step 1).

5. Die Schüssel vom Wasserbad nehmen und langsam die geklärte Butter unterschlagen (Step 2). Die Hollandaise mit Salz, Cayennepfeffer und Zitronensaft abschmecken. Die vorbereiteten Kräuter unterziehen und die Sauce möglichst sofort servieren.

Hollandaise herstellen

1. Die Eigelbe mit der lauwarmen Schalotten-Reduktion über einem heißen Wasserbad dick-cremig aufschlagen.

2. Die geklärte, aber noch warme Butter zunächst tröpfchenweise, dann in dünnem Strahl dazugießen und kräftig unterschlagen.

Mit Dill

SÜSSSAUER EINGELEGTES GEMÜSE

Zutaten:

250 g Blumenkohl
3–4 junge Möhren
8 kleine Zwiebeln
1 gelber Zucchino
1 grüner Zucchino
1 rote Paprikaschote
1 gelbe Paprikaschote
1 Bund frischer Dill
½ l Weißweinessig
250 g Honig
2–3 EL Senfkörner
2–3 TL Dillsamen
1 Einmachglas à 1 l
(oder 3 Gläser à 350 ml)

Für 4–6 Portionen
Ziehzeit ca. 3 Tage
Zubereitungszeit ca. 30 Min.

1. Den Blumenkohl in kleine Röschen teilen, waschen und abtropfen lassen. Die Möhren und Zwiebeln schälen. Die Möhren in mundgerechte Stücke schneiden, die Zwiebeln halbieren. Die Zucchini waschen, die Enden abschneiden, die Zucchini längs halbieren und anschließend in etwa 1 cm dicke Scheiben schneiden.

2. Die Paprikaschoten waschen, halbieren und entkernen. Die Hälften in 2 bis 3 cm große Würfel schneiden. Den frischen Dill waschen und trocken schütteln oder abtropfen lassen.

3. Den Essig in einem breiten Topf mit ¼ l Wasser mischen und den Honig, die Senfkörner und die Dillsamen dazugeben. Alles aufkochen und 2 bis 3 Minuten sprudelnd kochen lassen. Das vorbereitete Gemüse in den Essig-Sud geben und darin zugedeckt in etwa 6 Minuten zugedeckt bissfest garen.

4. Die Gemüse mit einem Schaumlöffel aus dem Sud heben und mit dem frischem Dill abwechselnd in ein großes oder drei kleinere, heiß sterilisierte Einmachgläser geben. Den Sud nochmals aufkochen und darübergießen. Das Glas bzw. die Gläser verschließen. Das Gemüse kühl und dunkel aufbewahren. Vor dem Servieren mindestens 3 Tage durchziehen lassen.

»Der süßsaure Vorrat passt hervorragend zu Aufschnitt,
kaltem Braten oder Käse und ist auch
ein tolles Geschenk aus der eigenen Küche.«

Mit Basilikum

BASILIKUM-AÏOLI

Für die Basilikum-Aïoli:
2 Knoblauchzehen
1 Bund Basilikum
175 ml Olivenöl
1 Bio-Zitrone
2 Eigelbe
Salz · Cayennepfeffer
1 Prise Zucker

Für die Knuspergarnelen:
16 Riesengarnelen
16 Schaschlickspieße (Holz)
50 g Cornflakes
75 g Panko (Asia-Laden;
oder grobe Semmelbrösel)
2 Eier · Salz
frisch gemahlener Pfeffer
Mehl zum Wenden
¼ l Öl zum Frittieren

Für 4 Portionen
Zubereitungszeit ca. 45 Min.

1. Für die Aïoli den Knoblauch abziehen und hacken. Das Basilikum waschen und trocken schütteln, die Blättchen von den Stielen zupfen und mit dem Knoblauch und dem Öl im Mixer fein pürieren.

2. Die Zitrone waschen, trocken reiben und die Schale fein abreiben. Anschließend die Zitrone halbieren und auspressen. Den Zitronensaft und die -schale mit den Eigelben in eine Schüssel geben und mit einem Schneebesen verrühren.

3. Die Hälfte des Basilikum-Knoblauchöls zunächst tröpfchenweise dazugeben und unterschlagen. Die zweite Hälfte des Öls in einem dünnem Strahl dazugießen und alles dickcremig aufschlagen. Die Aïoli mit Salz, Cayennepfeffer und Zucker abschmecken.

4. Für die Knuspergarnelen die Riesengarnelen aus der Schale brechen, die Därme entfernen, die Garnelenschwänze waschen, trocken tupfen und einzeln der Länge nach auf Holzspieße stecken.

5. Die Cornflakes fein zerbröseln und mit dem Panko vermischen. Die Eier verquirlen. Die Garnelen kräftig mit Salz und Pfeffer würzen, in Mehl wenden, durch das verquirlte Ei ziehen und in der Cornflakes-Mischung panieren.

6. Die panierten Garnelen in heißem Öl in einer Pfanne rundherum goldbraun und knusprig braten. Herausnehmen, kurz auf Küchenpapier abtropfen lassen und mit der kalten Basilikum-Aïoli servieren.

»Statt Riesengarnelen eignen sich auch Filetstücke von festfleischigem Fisch, wie zum Beispiel Seeteufel oder Thunfisch.«

Mit mediterranen Kräutern

KRÄUTER-BAGUETTE

Zutaten:

80 g gemischte Gartenkräuter
(z.B. Oregano, Thymian, Salbei,
Rosmarin, glatte Petersilie)
¼–½ Bund Schnittlauch
15 g frische Hefe
500 g Weizenmehl (Type 550)
10 g Meersalz
Mehl zum Arbeiten

Für 4 Stück
Zubereitungszeit ca. 2 Std.

1. Die Gartenkräuter waschen und sehr gut trocken schütteln. Die Blättchen von den Stielen zupfen und grob hacken. Die gehackten Kräuter mit 350 ml lauwarmem Wasser in einen hohen Becher geben und mit einem Pürierstab etwa 1 Minute lang fein mixen.

2. Die Hefe in das Kräuter-Wasser bröckeln und darin unter Rühren auflösen. Den Schnittlauch waschen, trocken schütteln und in feine Röllchen schneiden. Die Schnittlauchröllchen mit dem Mehl und dem Salz vermischen. Das Kräuter-Hefe-Wasser dazugeben und alles in mit den Knethaken einer Rührmaschine zu einem glatten, geschmeidigen Teig verarbeiten.

3. Den Hefeteig in 4 gleich große Portionen von etwa 250 g teilen und diese jeweils mit bemehlten Händen zu Kugeln formen. Die Teigkugeln auf einem Blech mit Folie zugedeckt an einem warmen Ort 30 Minuten ruhen lassen, bis sie sichtbar aufgegangen sind.

4. Die aufgegangenen Teigportionen nacheinander auf einer mit Mehl bestäubten Arbeitsfläche mit den Händen zu einem jeweils etwa 30 cm langen und 4–5 cm schmalen Strang formen, dessen Enden leicht spitz zulaufen.

5. Ein Leinentuch mit Mehl bestäuben und auf ein Backblech legen. Das erste Baguette auf das Tuch legen. Das Tuch direkt daneben aufwerfen, sodass eine Falte als Barriere zum nächsten Brot entsteht. Auf diese Art alle Teigstränge auf dem Tuch platzieren. Mit Folie abdecken und an einem warmen Ort 30 Minuten gehen lassen.

6. Den Backofen auf 225 °C (Ober-/Unterhitze) vorheizen. Die aufgegangenen Baguettes auf ein mit Backpapier belegtes Backblech legen und mit einem scharfen Messer oder einer Rasierklinge mehrfach schräg einschneiden. Die Brote leicht mit Mehl bestäuben und im heißen Ofen in etwa 20 Minuten goldbraun backen.

Meine
SALAT-
UND
GEMÜSE-
Rezepte

Mit Minze und Petersilie

TABOULEH MIT FETA UND PINIENKERNEN

Zutaten:

Salz · 150 g Instant-Bulgur
60 g Pinienkerne
1–2 kleine Salatgurken
250 g rote oder gelbe Kirschtomaten
1 rote Zwiebel
1 Knoblauchzehe
150 g Fetakäse
6–8 EL Olivenöl
2 EL Aceto balsamico bianco
frisch gemahlener Pfeffer
Saft von ½ Zitrone
1 Prise gemahlener Zimt
1 Bund Minze
1 Bund glatte Petersilie

Für 4 Portionen
Zubereitungszeit ca. 35 Min.

1. 300 ml gesalzenes Wasser zum Kochen bringen. Den Bulgur dazugeben und bei schwacher Hitze etwa 8 Minuten leise köcheln lassen. Inzwischen die Pinienkerne in einer beschichteten Pfanne ohne Fett goldbraun rösten, herausnehmen und auskühlen lassen.

2. Die Gurken waschen, trocken reiben, je nach Dicke der Länge nach halbieren und in etwa 3 mm dünne Scheiben schneiden. Die Tomaten waschen und halbieren. Die Zwiebel und den Knoblauch schälen und beides sehr fein hacken.

3. Den gegarten Bulgur mit einer Gabel auflockern und in eine Schüssel geben. Den Feta zerbröckeln und dazugeben. Die Zwiebeln und den Knoblauch in 2 EL heißem Olivenöl etwa 1 Minute anschwitzen. Mit dem Essig ablöschen und zum Bulgur geben.

4. Die gerösteten Pinienkerne, die Tomaten und Gurken sowie das restliche Olivenöl zum Bulgur in die Schüssel geben und untermischen. Den Salat mit Salz, Pfeffer, Zitronensaft und Zimt würzig abschmecken.

5. Die Minze und Petersilie waschen, trocken schütteln, die Blättchen von den Stielen zupfen und hacken. Die Kräuter unter den Salat mischen, den Salat nochmal abschmecken und servieren.

»Der Bulgursalat stammt ursprünglich aus der libanesischen Küche, wo er traditionell als Vorspeise oder Zwischenmahlzeit gereicht wird. Tabouleh eignet sich aber auch gut als Beilage zu Fleisch oder als eigenes Hauptgericht.«

Mit gemischten Gartenkräutern

FRÜHLINGSSALAT IM PARMESANKÖRBCHEN

Für die Parmesankörbchen:
150 g Parmesan am Stück
1 EL Speisestärke

Für den Frühlingssalat:
50 g frischer Frühlingsspinat (Salat)
50 g junge Rote-Bete-Blätter (Salat)
50 g Rucola · 2 Stängel Kerbel
2 Stängel Dill · 2 Zweige Minze
1 Bund Schnittlauch
12 rote oder gelbe Kirschtomaten
1 kleine Salatgurke (15 cm)
1 Kästchen Gartenkresse
1 EL Rotweinessig
1–2 EL Aceto balsamico bianco
Salz · frisch gemahlener Pfeffer
1 Msp. Zucker
1 Msp. mittelscharfer Senf
1 Msp. Meerrettich (Glas)
4 EL Olivenöl
essbare Blüten zum Bestreuen
(z.B. Kapuzinerkresseblüten,
Veilchen, Ringelblumenblüte,
Gänseblümchen)

Für 4 Portionen
Zubereitungszeit ca. 45 Min.

1. Für die Parmesankörbchen den Backofen auf 180 °C Ober-/Unterhitze vorheizen. Den Parmesan fein reiben und mit der Stärke vermischen. Ein Viertel von der Mischung gleichmäßig dicht als Kreis mit einem Durchmesser von etwa 14 cm auf ein mit Backpapier belegtes Backblech streuen (Step 1). Im heißen Backofen in 4 bis 6 Minuten goldbraun backen.

2. Den fertig gebackenen Käsetaler herausnehmen, noch heiß mit einer Palette vorsichtig vom Papier heben und über eine umgedrehte breite Tasse oder kleine Schüssel legen, sodass eine körbchenartige Form entsteht. Das Parmesankörbchen vollständig erkalten lassen und von der Tasse oder Schüssel abheben (Step 2). Auf dieselbe Weise 3 weitere Parmesankörbchen herstellen.

3. Für den Frühlingssalat den Spinat, die Rote-Bete-Blätter und den Rucola putzen, waschen und trocken schleudern. Den Kerbel, den Dill und die Minze waschen, trocken schütteln und die Blättchen von den Stielen zupfen. Den Schnittlauch waschen, trocken schütteln und in feine Röllchen schneiden. Die Kirschtomaten waschen und halbieren. Die Gurke waschen und in dünne Scheiben schneiden. Die Kresse vom Bett schneiden und nach Bedarf waschen.

4. Für die Vinaigrette die beiden Essigsorten mit Salz, Pfeffer, Zucker, Senf und Meerrettich verrühren. Das Olivenöl in dünnem Strahl dazugeben und unter ständigem Rühren unterschlagen. Zuletzt die Schnittlauchröllchen unter die Vinaigrette ziehen.

5. Die Kräuter- und Salatblätter in einer Schüssel locker mit der Kresse, den Tomaten und den Gurkenscheiben mischen. Mit der Vinaigrette marinieren und den Salat portionsweise in den Parmesankörbchen anrichten. Mit ganzen Blüten oder abgezupften Blütenblättern bestreuen und sofort servieren.

Parmesankörbchen herstellen

1. Den fein geriebenen Parmesan mit der Stärke mischen, kreisförmig auf ein mit Backpapier belegtes Blech streuen und im heißen Ofen goldbraun backen.

2. Den heißen Käsetaler über eine umgedrehte Tasse legen und in dieser Lage vollständig abkühlen lassen. Behutsam von der Tasse abheben.

Mit gemischten Gartenkräutern

SALAT VON GRÜNEN BOHNEN MIT LAMMKOTELETTS

Für den Salat von grünen Bohnen:

100 g getrocknete weiße Bohnen
150 g breite Stangenbohnen
200 g Keniabohnen
150 g frische Saubohnenkerne
(oder tiefgekühlt)
1 rote Zwiebel
1 Knoblauchzehe
4 EL Olivenöl
2 EL Aceto balsamico bianco
1 EL Quittengelee
3–4 Zweige Bohnenkraut
Salz · frisch gemahlener Pfeffer

Für die Lammkoteletts:

2–3 Zweige Thymian
2–3 Zweige Rosmarin
2–3 Stängel glatte Petersilie
4 Scheiben Toastbrot
12 Lammkoteletts (á 40–50 g)
Salz · frisch gemahlener Pfeffer
Mehl zum Wenden
1 verquirltes Ei
ca. 50 g Butterschmalz

Für 4–6 Portionen
Einweichzeit ca. 12 Std.
Zubereitungszeit ca. 45 Min.

1. Für den Salat von grünen Bohnen die getrockneten Bohnenkerne mit Wasser übergießen, sodass sie gut bedeckt sind, und über Nacht zugedeckt einweichen. Am nächsten Tag die Bohnenkerne abgießen, anschließend in etwa 1 l kochendem Wasser in 30 Minuten weich garen und dann abgießen.

2. Die Stangen- und die Keniabohnen waschen, putzen, in mundgerechte Stücke schneiden und zusammen mit den Saubohnenkernen in kochendem Salzwasser in etwa 5 Minuten bissfest blanchieren. Abgießen, abschrecken, gut abtropfen lassen und mit den gekochten, abgekühlten weißen Bohnen in eine Schüssel geben.

3. Die Zwiebel und den Knoblauch schälen, fein würfeln und in 2 EL heißem Olivenöl kurz andünsten. Mit dem Essig ablöschen, das Quittengelee unterrühren und die Mischung zu den Bohnen in die Schüssel geben. Das Bohnenkraut waschen, trocken schütteln, die Blättchen von den Stielen zupfen, hacken und mit dem restlichem Olivenöl zu den Bohnen geben.

4. Den Salat gut durchmischen und mit Salz und Pfeffer würzig abschmecken. Zugedeckt durchziehen lassen. Inzwischen für die Lammkoteletts den Thymian, den Rosmarin und die Petersilie waschen, trocken schütteln, die Blättchen von den Stielen zupfen und hacken. Das Toastbrot würfeln, mit den gehackten Kräutern in einen Mixer geben und fein mahlen.

5. Die Lammkoteletts salzen und pfeffern, in Mehl wenden, durch verquirltes Ei ziehen und in den Kräuterbröseln panieren. Das Butterschmalz erhitzen und die Koteletts darin von beiden Seiten in etwa 6 Minuten goldbraun braten. Herausnehmen, kurz auf Küchenpapier entfetten und mit dem Bohnensalat anrichten. Dazu passen als Beilage sehr gut goldbraun gebratene Rosmarinkartoffeln.

Mit Basilikum, Petersilie und Oregano

BUNTER ARTISCHOCKENSALAT

Zutaten:

6 mittelgroße Artischocken
(oder 12 Baby-Artischocken)
250 g breite Bohnen
12 gelbe und rote Kirschtomaten
50 g schwarze Oliven (entsteint)
3–4 Stängel glatte Petersilie
3–4 Stängel Basilikum
3–4 Zweige Oregano
2 Knoblauchzehen
2 rote Zwiebeln
6 EL Olivenöl
2–3 EL Aceto balsamico bianco
1 EL Honig · Salz
frisch gemahlener Pfeffer

Für 4 Portionen
Zubereitungszeit ca. 45 Min.

1. Die Artischocken putzen: Den Stiel schälen, die äußeren Blätter ablösen und die restlichen Blätter etwa 2 cm über den Boden abschneiden (Step 1 und 2). Die Artischockenböden vierteln und sofort mit Zitronensaft beträufeln.

2. Die vorbereiteten Artischocken in kochendem Salzwasser etwa 5 Minuten garen, anschließend kalt abschrecken und gut abtropfen lassen. Die Bohnen waschen, putzen und schräg in etwa 2 cm große Stücke schneiden. In kochendem Salzwasser 5 bis 6 Minuten garen, abgießen, abschrecken und gut abtropfen lassen.

3. Die Tomaten waschen, halbieren und mit den Bohnen, Artischocken und Oliven in eine Salatschüssel geben. Die Petersilie, das Basilikum und den Oregano waschen, trocken schütteln, die Blättchen von den Stielen zupfen und fein hacken.

4. Den Knoblauch abziehen und fein hacken. Die Zwiebeln schälen und in feine Streifen schneiden. Die Zwiebeln und den Knoblauch in 2 EL heißem Olivenöl 1 bis 2 Minuten anschwitzen. Mit dem Essig ablöschen, die Pfanne vom Herd ziehen und den Honig, das restliche Olivenöl sowie die Kräuter unterrühren.

5. Die warme Vinaigrette mit den Artischocken, Bohnen, Tomaten und Oliven mischen. Den Salat mit Salz und Pfeffer abschmecken und lauwarm servieren.

Artischocken putzen

1. Ein Drittel des Stiels abbrechen oder blütennah abschneiden. Die äußeren Hüllblätter entfernen und die Spitzen der restlichen Blätter abschneiden.

2. Den Blütenboden und Stielansatz mit einem Messer dünn schälen. Die Artischocken vierteln und sofort mit Zitronensaft beträufeln.

»Dieser warm servierte Salat gelingt am besten mit jungen Möhren. Wenn man die einmal nicht kriegt, kann man ihn auch gut mit Navetten zubereiten.«

Mit Estragon und Koriander

MÖHRENSALAT MIT KICHERERBSEN

Zutaten:

250 g getrocknete Kichererbsen
700 g junge Möhren
(z. B. Chantenay)
1 Bio-Orange
2–3 Stängel Estragon
2–3 Stängel Koriandergrün
ca. 6 EL Olivenöl
1 EL Zucker
100 ml Geflügelbrühe
2 TL Dijon-Senf
2 EL Estragonessig
1–2 EL Ahornsirup
Salz · Cayennepfeffer

Für 4 Portionen
Einweichzeit ca. 12 Std.
Zubereitungszeit ca. 45 Min.

1. Die Kichererbsen über Nacht einweichen. Am nächsten Tag in kochendem Wasser in etwa 35 Minuten weich kochen, dabei gelegentlich umrühren. Inzwischen die Möhren putzen, schälen und der Länge nach halbieren.

2. Die Orange heiß waschen, trocken reiben und die Schale hauchdünn herunterschneiden, sodass keine weiße Schalenhaut daranhängt. Dir Frucht anschließend halbieren und den Saft auspressen. Den Estragon und den Koriander waschen, trocken schütteln, die Blättchen von den Stielen zupfen und die Hälfte davon hacken. Die Kräuterstiele aufheben.

3. Die Möhren mit den Kräuterstielen und der Orangenschale in 2 EL heißem Olivenöl etwa 1 Minute andünsten. Mit dem Zucker bestreuen, diesen leicht karamellisieren lassen und mit Brühe und Orangensaft ablöschen. Die Möhren zugedeckt bei schwacher Hitze in etwa 14 Minuten weich schmoren. Anschließend die Kräuterzweige und die Orangenschale entfernen.

4. Das restliche Öl mit dem Senf, dem Essig und dem Ahornsirup in einer Schüssel verquirlen. Die gehackten Kräuter, die geschmorten Möhren samt Schmorsud sowie die Kichererbsen untermischen. Den Salat mit Salz und Cayennepfeffer würzig abschmecken. Die restlichen Kräuterblättchen darüber streuen.

Mit gemischten Gartenkräutern

BUNTE GEMÜSEQUICHE

Für den Quicheteig:
250 g Dinkelmehl
1 Msp. Salz
100 g weiche Butter
100 g Frischkäse
1 Eigelb

Für den Belag:
4 junge Möhren
3 Petersilienwurzeln
1 kleiner Kohlrabi
200 g Brokkoli
200 g Blumenkohl
150 g Erbsen
(frisch oder tiefgekühlt)
50 g Butter
Mehl zum Arbeiten
Salz · frisch gemahlener Pfeffer
1 Prise Zucker
75 g gemischte Gartenkräuter
(z.B. Petersilie, Kerbel, Dill,
Estragon, Kresse etc.)
3 Eier · 150 ml Milch
2 TL mittelscharfer Senf
50 g fein geriebener Bergkäse
Kresse zum Garnieren

Für 1 Quiche (24 cm Ø)
Zubereitungszeit ca. 1 Std. 45 Min.

1. Das Mehl mit dem Salz mischen. Die Butter in Stücken, den Frischkäse und das Eigelb dazugeben und alles rasch mit den Händen zu einem glatten Teig verkneten. Den Teig zur Kugel formen, in Folie wickeln und für 1 Stunde kalt stellen.

2. Inzwischen für den Belag die Möhren, die Petersilienwurzeln und den Kohlrabi schälen und in etwa 5 mm dicke Scheiben schneiden. Die Kohlrabischeiben anschließend nochmals vierteln. Den Brokkoli und den Blumenkohl putzen, waschen, abtropfen lassen und mit dem Messer in einzelne Röschen teilen.

3. Alle Gemüse zusammen mit den Erbsen in kochendes Salzwasser geben und darin etwa 3 Minuten blanchieren. In ein großes Sieb abgießen, kalt abschrecken und gut abtropfen lassen. Den Backofen auf 200 °C (Ober-/Unterhitze) vorheizen. Ein Quiche- oder Tarteform (24 cm Durchmesser) mit etwas Butter dünn ausfetten. Die restliche Butter schmelzen und leicht abkühlen lassen.

4. Den Teig auf einer mit Mehl bestäubten Arbeitsfläche 4 mm dünn ausrollen. Die Form inklusive Rand damit auslegen, überstehenden Teig abschneiden. Den Teigboden einstechen (Step 1). Die geschmolzene Butter unter die abgetropfte Gemüse-Mischung heben und alles mit Salz, Pfeffer und Zucker abschmecken. Das Gemüse auf den Teigboden geben und gleichmäßig darauf verteilen.

5. Die Kräuter waschen und sehr gut trocken schütteln. Die Blättchen von den Stielen zupfen, mit den Eiern, der Milch und dem Senf in einen hohen Becher geben und mit einem Pürierstab fein mixen. Den geriebenen Käse unterrühren, den Guss mit Salz und Pfeffer kräftig würzen und über das Gemüse gießen (Step 2).

6. Die Gemüsquiche im heißen Ofen (unterste Schiene) in etwa 40 Minuten goldbraun backen. Herausnehmen, lauwarm abkühlen lassen und aus der Form lösen. Zum Servieren in Stücke schneiden und nach Belieben mit frisch geschnittener Kresse bestreuen.

Gemüsequiche herstellen

1. Den Quicheteig ausrollen und die Form inklusive Rand damit auslegen. Den Teig am Boden der Form mit einer Gabel mehrfach einstechen.

2. Das vorbereitete Gemüse für den Belag auf den Teigboden geben und den Eier-Kräuter-Guss darüber verteilen. Sofort in den heißen Ofen schieben.

Mit Basilikum, Oregano und Petersilie

GEMÜSE-KRÄUTER-TARTE

Für den Teig:
25 g Hefe
400 g Weizenmehl (Type 405)
1 TL Salz · Mehl zum Arbeiten

Für den Belag:
1 Knoblauchzehe · 1 Limette
4–5 Stängel Basilikum
4–5 Stängel glatte Petersilie
4–5 Zweige Oregano
200 g Frischkäse
50 g frisch geriebener Parmesan
Salz · Cayennepfeffer
1 grüner Zucchino
1 gelber Zucchino
4–5 Romana-Tomaten (längliche,
sehr fleischige Tomatensorte)
1 Aubergine
4–5 EL Olivenöl zum Beträufeln
Meersalz · frisch gemahlener Pfeffer
2–3 TL getrockneter Oregano
zum Bestreuen
Basilikumblätter zum Garnieren

Für 1 Tarte (ca. 35 cm Ø)
Zubereitungszeit: ca. 1 Std. 35 Min.

1. Für den Teig die Hefe in ¼ l lauwarmes Wasser bröckeln und darin unter Rühren auflösen. Das Mehl mit dem Salz mischen, das Hefewasser dazugießen und alles zu einem glatten, geschmeidigen Teig verkneten. Den Teig zu einer Kugel formen und zugedeckt an einem warmen Ort etwa 30 Minuten gehen lassen.

2. Inzwischen für den Belag den Knoblauch abziehen und sehr fein hacken. Die Limette halbieren und den Saft auspressen. Das Basilikum, die Petersilie und den Oregano waschen, trocken schütteln, die Blättchen von den Stielen zupfen und mit Knoblauch, Limettensaft, Frischkäse und Parmesan fein pürieren. Die Creme mit Salz und Cayennepfeffer würzig abschmecken.

3. Die beiden Zucchini, die Tomaten und die Aubergine waschen, trocken tupfen und putzen. Das Gemüse mit einem Gemüsehobel oder einem scharfen Messer in gleichmäßige, etwa 2 mm dünne Scheiben schneiden bzw. hobeln.

4. Den Backofen auf 200 °C (Ober-/Unterhitze) vorheizen. Den Teig auf einer bemehlten Arbeitsfläche zu einem großen runden (oder vier kleineren) Fladen ausrollen und auf ein Pizzablech legen.

5. Den Teigboden mit der Kräuter-Frischkäse-Masse bestreichen und die Gemüsescheiben fächerartig darauflegen. Alles mit dem Öl beträufeln und kräftig mit Meersalz, Pfeffer und Oregano würzen. Die Tarte 20 bis 25 Minuten im heißen Ofen (mittlere Schiene) backen. Herausnehmen und mit Basilikumblättchen garniert servieren.

Mit Bohnenkraut, Koriander und Minze

KRÄUTER-FALAFEL
MIT ZITRONEN-MINZE-DIP

Für den Zitronen-Minze-Dip:
½–1 Bio-Zitrone
1 Prise gemahlener Kreuzkümmel
1 Prise Paprikapulver
1 Prise Zucker
250 g griechischer Sahnejoghurt
2 Stängel Minze · Salz

Für die Kräuter-Falafel:
300 g frische Saubohnenkerne
(oder tiefgekühlt)
4–5 Stängel Koriandergrün
4–5 Zweige Bohnenkraut
2–3 Stängel Minze
1 Knoblauchzehe
1 rote Chilischote
½ Bio-Zitrone
50 g Semmelbrösel
1 Ei · 1 TL Backpulver
1 TL gemahlener Kreuzkümmel
1 TL gemahlener Koriander
½ TL Cayennepfeffer
Salz · frisch gemahlener Pfeffer
ca. ½ l Sonnenblumenöl
zum Frittieren

Für 4–6 Portionen
Zubereitungszeit ca. 45 Min.

1. Für den Zitronen-Minze-Dip die Zitrone waschen, trocken reiben und die Schale fein abreiben. Die Frucht auspressen. Die abgeriebene Zitronenschale und etwa 1 EL Zitronensaft, den Kreuzkümmel, das Paprikapulver und den Zucker unter den Sahnejoghurt rühren.

2. Die Minze waschen, trocken schütteln, die Blättchen von den Stielen zupfen, fein hacken und mit dem Joghurt vermischen. Den Dip mit Salz abschmecken und bis zum Servieren kalt stellen.

3. Für die Falafel die Bohnenkerne etwa 30 Sekunden in kochendem Wasser blanchieren, anschließend abschrecken und abtropfen lassen. Die Kerne aus der weißlichen Schalenhaut drücken, in einen Schüssel geben und mit einem Pürierstab zu einer glatten Masse mixen.

4. Den Koriander, das Bohnenkraut und die Minze waschen, trocken schütteln, die Blättchen von den Stielen zupfen und hacken. Den Knoblauch abziehen, die Chili halbieren und entkernen und beides hacken. Die Zitrone heiß waschen, trocken reiben und die Schale fein abreiben. Dic Frucht anschließend auspressen.

5. Die Kräuter mit den Knoblauch- und Chilistückchen sowie den Semmelbröseln, dem Ei, dem Backpulver, den Gewürzen, Salz, dem Zitronensaft und der Zitronenschale zur Bohnenmasse geben. Alles zusammen zu einem glatten Teig mixen und abschmecken.

6. Das Öl in einem Topf oder in der Fritteuse auf etwa 160 °C erhitzen. Die Bohnenmasse mit zwei Löffeln zu Nocken formen und diese portionsweise im heißen Öl in etwa 3 Minuten goldbraun ausbacken. Mit einem Schaumlöffel herausheben, auf Küchenpapier abtropfen lassen und möglichst frisch mit dem Zitronen-Minze-Dip servieren.

Mit mediterranen Kräutern

GEMÜSE-KRÄUTER-RATATOUILLE

Zutaten:

2 gelbe Paprikaschoten
2 rote Paprikaschoten
Öl für das Backblech
500 g reife Strauchtomaten
250 g rote Zwiebeln
2–3 Knoblauchzehen
250 g Zucchini
250 g Auberginen
2 Zweige Rosmarin
3–4 Zweige Zitronenthymian
3–4 Zweige Oregano
3–4 Stängel glatte Petersilie
2–3 Salbeiblätter
75–100 ml Olivenöl
Salz · frisch gemahlener Pfeffer

Für 4–6 Portionen
Zubereitungszeit ca. 1 Std.

1. Den Backofengrill vorheizen. Die Paprikaschoten waschen, trocken reiben, halbieren und putzen. Die Hälften auf ein geöltes Backblech legen und unter dem heißen Grill in etwa 12 Minuten weich garen, dabei wirft die Haut Blasen und wird schwarz.

2. Die Haut von den Paprikahälften abziehen bzw. abschaben und die gehäuteten Paprika in mundgerechte Stücke teilen. Die Tomaten für etwa 30 Sekunden in kochendes Wasser geben, dann kalt abschrecken und häuten. Die gehäuteten Tomaten vierteln, die Kerne entfernen und das Fruchtfleisch in grobe Stücke teilen.

3. Die Zwiebeln und den Knoblauch schälen und in Scheiben bzw. Streifen schneiden. Die Zucchini und die Auberginen waschen, die Enden abschneiden und beide Gemüse in etwa 2 cm große Würfel schneiden. Die Kräuter waschen, trocken schütteln, die Blättchen von den Stielen zupfen und fein hacken.

4. Die vorbereiteten Gemüse nacheinander jeweils in etwas Olivenöl in einer breiten Schmorpfanne anbraten, dabei leicht Farbe nehmen lassen und mit Salz und Pfeffer würzen. Das angebratene Gemüse aus der Pfanne nehmen und etwas abtropfen lassen.

5. Alle Gemüse zurück in die Pfanne geben, die Tomaten- und Paprikastücke sowie zwei Drittel der gehackten Kräuter hinzufügen und das Ganze 15 bis 20 Minuten bei mittlerer Hitze schmoren lassen, dabei gelegentlich umrühren. Das Ratatouille mit Salz und Pfeffer abschmecken. Zum Servieren mit den restlichen Kräutern bestreuen.

Mit gemischten Kräutern

PILZ-TORTILLA

Zutaten:

500 g festkochende Kartoffeln
1 große Zwiebel
1–2 Knoblauchzehen
400 g gemischte Pilze
(z.B. Champignons, Austernpilze,
Shiitake, Kräuterseitlinge)
1 Bund Schnittlauch
50 g gemischte Kräuter
(z.B. Petersilie, Bärlauch, Kerbel,
Sauerampfer, Majoran)
5 Eier
100 g Sahne (mind. 30 % Fett)
Salz · frisch gemahlener Pfeffer
frisch geriebene Muskatnuss
2–3 EL Butterschmalz

Für 4–6 Portionen
Zubereitungszeit: ca. 1 Std. 10 Min.

1. Die Kartoffeln waschen und mit der Schale in kochendem Salzwasser etwa 25 Minuten vorgaren. Anschließend vollständig auskühlen lassen, dann pellen und grob würfeln oder in Scheiben schneiden.

2. Die Zwiebel und den Knoblauch schälen. Die Zwiebel in möglichst dünne Scheiben schneiden, den Knoblauch fein hacken. Die Pilze putzen (nicht waschen!) und je nach Größe halbieren oder in etwa 1 cm dicke Scheiben schneiden.

3. Den Schnittlauch waschen, trocken schütteln und in feine Röllchen schneiden. Die gemischten Kräuter waschen, trocken schütteln, die Blättchen von den Stielen zupfen, grob hacken und mit Eiern und Sahne fein pürieren. Den Eier-Kräuter-Guss mit Salz, Pfeffer und Muskat kräftig würzen. Die Schnittlauchröllchen unterrühren.

4. Den Backofen auf 200 °C (Ober-/Unterhitze) vorheizen. Die Zwiebeln mit dem Knoblauch in heißem Butterschmalz in einer beschichteten ofenfesten Pfanne etwa 2 Minuten anbraten, dabei gelegentlich wenden. Die vorgegarten zerkleinerten Kartoffeln hinzufügen und alles weitere 4 Minuten braten.

5. Die Pilze mit in die Pfanne geben und ebenfalls kurz mitbraten. Den Eier-Kräuter-Guss darübergießen und das Ganze 3 bis 4 Minuten bei mittlerer Hitze stocken lassen.

6. Die Pfanne in den heißen Backofen stellen (unterste Schiene) und die Pilz-Tortilla etwa 25 Minuten darin backen. Die fertige Tortilla auf ein Brett oder auf eine Platte gleiten lassen und zum Servieren mit einem Sägemesser in Stücke schneiden.

»Die Kartoffeln für eine Tortilla kann man auch schon am Vortag vorgaren.
So ist die restliche Zubereitung eine ganz schnelle Sache.«

Meine

SUPPEN- UND EINTOPF-

Rezepte

»Die Suppe schmeckt am besten in der warmen Jahreszeit. Ich serviere sie dann auf zerstoßenem Eis, so bleibt sie schön kühl und erfrischend. «

Mit Dill und Minze

GURKEN-JOGHURT-KALTSCHALE

Zutaten:

2 Salatgurken
2 Knoblauchzehen
400 g Natur-Joghurt
150 ml Buttermilch
1 Bund Dill
3–4 Stängel Minze
Salz · Cayennepfeffer
4–5 EL Olivenöl

Für 4 Portionen
Zubereitungszeit ca. 1 Std. 25 Min.

1. Die Gurken und die Knoblauchzehen schälen. Den Knoblauch sehr fein hacken. Die Gurken der Länge nach halbieren, die Kerne mit einem kleinen Löffel herauskratzen und das Gurkenfruchtfleisch grob raspeln. Die Gurkenraspel mit dem Knoblauch, dem Joghurt und der Buttermilch vermischen.

2. Den Dill und die Minze waschen, trocken schütteln, die Blättchen von den Stiel zupfen und zwei Drittel davon hacken. Die gehackten Kräuter unter die Suppe rühren. Die restlichen Kräuter bis zur Verarbeitung zugedeckt beiseite stellen.

3. Die Hälfte von der Suppen-Kräuter-Mischung im Mixer fein pürieren, anschließend wieder zurück zur restlichen Gurken-Joghurt-Mischung geben. Die Suppe gründlich verrühren und zugedeckt etwa für 1 Stunde kalt stellen.

4. Die kalte Suppe mit Salz und Cayennepfeffer würzig abschmecken und zum Servieren in tiefe Schalen füllen. Jede Portion mit etwas Olivenöl beträufeln und mit den beiseitegestellten Kräutern bestreuen. Dazu passt frisches Baguette.

Mit Dill und Minze

GEEISTE MELONENSUPPE
MIT GURKEN-DILL-SCHAUM

Zutaten:

½ Salatgurke
1 Bund Dill
2 EL Weißweinessig
Salz · Cayennepfeffer
3 Blatt Gelatine
75 g halbsteif geschlagene Sahne
(mind. 30 % Fett)
400 g Wassermelonenfleisch
100 ml Tomatensaft
6 Minzeblätter
Zucker zum Abschmecken
3–4 EL Olivenöl zum Beträufeln
Pfeffer zum Übermahlen
Dill zum Garnieren

Für 4 Portionen
Zubereitungszeit ca. 2 Std. 45 Min.

1. Die Gurke waschen, in Stücke scheiden und etwa 30 Sekunden in sprudelnd kochendem Wasser blanchieren. Abgießen, abschrecken und gut abtropfen lassen. Inzwischen den Dill waschen, trocken schütteln, die Blättchen von den Stielen zupfen und fein hacken.

2. Die blanchierten Gurkenstücke mit dem Essig, etwas Salz und Cayennepfeffer vermischen und anschließend fein mixen. Die Masse in ein mit einem Tuch ausgelegtes Sieb geben und den ablaufenden Gurkensaft auffangen.

3. Die Gelatine 5 Minuten in kaltem Wasser einweichen. Vom aufgefangenen Gurkensaft etwa 200 ml abmessen, nochmals würzig abschmecken und leicht erwärmen. Die Gelatine ausdrücken und im warmen Gurkensaft unter Rühren auflösen.

4. Die Mischung in einer Rührschüssel auf ein Eiswasserbad setzen und mit einem Schneebesen in etwa 4 Minuten aufschlagen, bis die Flüssigkeit eine sehr schaumige Konsistenz bekommen hat und die Gelatine leicht angezogen ist.

5. Die halbsteif geschlagene Sahne und den gehackten Dill unter die gelierende Gurkensuppe heben. Vier Gläser schräg in einen Eierkarton stellen und etwa zur Hälfte mit dem Gurkenschaum füllen. Die Gläser in dem Eierkarton für 2 Stunden kühl stellen.

6. Inzwischen das Melonenfruchtfleisch würfeln und mit dem Tomatensaft und den Minzeblättchen im Mixer pürieren. Durch ein feines Sieb passieren, mit Cayennepfeffer, Salz und Zucker abschmecken und bis zum Servieren kühl stellen.

7. Zum Servieren die Gläser aus dem Kühlschrank nehmen und gerade hinstellen. Das Melonensüppchen in die Gläser füllen, mit etwas Olivenöl beträufeln und mit Pfeffer grob übermahlen. Mit Dillspitzen garnieren und servieren.

Mit gemischten Gartenkräutern

BOUILLON MIT KRÄUTER-NOCKERLN

Für die Kräuter-Nockerln:
50 g gemischte Gartenkräuter
(z.B. Petersilie, Sauerampfer, Kerbel,
Estragon, Pimpinelle, Dill, Kresse)
150 g Topfen (oder Quark)
½ Bund Schnittlauch
3 EL Weizenmehl (Type 405)
1 Eigelb · Salz
frisch gemahlener Pfeffer

Für die Wurzelgemüse-Bouillon:
2 junge Möhren
150 g Knollensellerie
½ Stange Lauch
¾ l kräftige Fleisch-, Geflügel-
oder Gemüsebrühe
Salz · frisch gemahlener Pfeffer
frischer Meerrettich zum Anrichten

Für 4 Portionen
Zubereitungszeit ca. 45 Min.

1. Für die Kräuter-Nockerln die Gartenkräuter waschen und trocken schleudern, die Blättchen von den Stielen zupfen und mit dem Messer grob hacken. Die gehackten Kräuter mit dem Topfen in einen hohen Becher geben und mit einem Pürierstab fein mixen.

2. Den Schnittlauch waschen, trocken schütteln und in feine Ringe schneiden (Step 1). Die Kräuter-Topfen-Mischung gründlich mit dem Schnittlauch, dem Mehl und dem Eigelb verrühren und mit Salz und Pfeffer abschmecken.

3. Aus der Topfen-Kräuter-Masse mithilfe von zwei Esslöffeln Nocken abstechen und formen, diese in kochendes Salzwasser einlegen (Step 2), die Hitze reduzieren und die Nockerln etwa 10 Minuten knapp unter dem Siedepunkt garziehen lassen.

4. Inzwischen für die Wurzelgemüse-Bouillon die Möhren und den Sellerie schälen und in dünne Scheiben schneiden oder hobeln. Die Selleriescheiben anschließend in feine Streifen schneiden. Den Lauch putzen, waschen und in dünne Scheiben schneiden.

5. Die Fleischbrühe aufkochen, das vorbereitete Gemüse hineingeben und darin etwa 5 Minuten leise köcheln lassen (es sollte noch bissfest sein). Die Suppe mit Salz und Pfeffer abschmecken und mit der Gemüseeinlage auf tiefe Teller verteilen.

6. Die Kräuter-Topfen-Nockerln mit einem Schaumlöffel aus dem Kochwasser nehmen, kurz abtropfen lassen und in die heiße Wurzelgemüse-Bouillon geben. Den Meerrettich schälen und in Streifen über die Nockerln hobeln.

Kräuter-Nockerln herstellen

1. Den Schnittlauch in feine Röllchen schneiden und beiseite stellen. Die restlichen Gartenkräuter vorbereiten und mit dem Topfen fein pürieren.

2. Den Schnittlauch, das Mehl und das Eigelb unterrühren und die Masse abschmecken. Mit zwei Löffeln gleichmäßig große Nockerln formen.

Mit gemischten Wildkräutern

WILDKRÄUTERSUPPE MIT RÜHREI-CROSTINI

Zutaten:
2 Schalotten
1 Knoblauchzehe
2 EL Olivenöl
100 ml Weißwein
½ l Gemüsebrühe
250 g Sahne (mind. 30 % Fett)
80 g gemischte Wildkräuter
(z.B. Brennnessel, Brunnenkresse,
Sauerampfer, Bärlauch)
2 Scheiben Sandwichtoast
1 EL Butterschmalz
3 Eier · Salz
frisch gemahlener Pfeffer
75 g Butter
1–2 EL geschlagene Sahne
(mind. 30 % Fett)
Schnittlauchröllchen zum Bestreuen
Kresse zum Bestreuen

Für 4 Portionen
Zubereitungszeit ca. 35 Min.

1. Die Schalotten und den Knoblauch schälen, fein würfeln und in heißem Olivenöl anschwitzen. Mit dem Wein ablöschen und mit Brühe und Sahne auffüllen. Das Ganze bei mittlerer Hitze etwa 10 Minuten zugedeckt kochen lassen. Inzwischen die Wildkräuter waschen, gut trocken schleudern, die Blättchen abzupfen und hacken.

2. Aus dem Sandwichtoast mit einem runden Ausstecher (10 cm Durchmesser) zwei Brotkreise ausstechen. Die Brotkreise halbieren und in heißem Butterschmalz auf beiden Seiten goldbraun anbraten. Aus der Pfanne nehmen und auf Küchenpapier abtropfen lassen.

3. Die Eier in einer Schüssel verquirlen und mit Salz und Pfeffer würzen. 1 EL Butter in der Pfanne zerlassen und das verquirlte Ei darin unter gelegentlichem Umrühren stocken lassen. Das Rührei auf die gerösteten Toastscheiben verteilen.

4. Die gehackten Kräuter und die restliche Butter in die heiße Suppe geben und mit dem Pürierstab untermixen. Die Suppe mit Salz und Pfeffer abschmecken. Die geschlagene Sahne zur Kräutersuppe geben, diese erneut schaumig aufmixen und auf vorgewärmte Tassen verteilen. Nach Belieben mit Schnittlauch und Kresse bestreuen und mit den Rührei-Crostini servieren.

Kräutersuppe herstellen

Aus Schalotten, Knoblauch, Wein, Brühe und Sahne zunächst die Suppenbasis herstellen. Während diese köchelt, die Wildkräuter vorbereiten. Die gehackten Kräuter und die restliche Butter in die Suppenbasis geben und alles gut durchmixen, sodass die Suppe eine samtig-feine Konsistenz erhält. Abschmecken, anrichten und möglichst rasch servieren.

Mit Salbei

KÜRBISSUPPE MIT CHORIZO UND SALBEI

Zutaten:

2 Schalotten
20 g frischer Ingwer
400 g Hokkaidokürbis
2 EL Rapsöl
1 EL Currypulver
1 TL Zucker
¾ l kräftige Gemüsebrühe
50 g Butter
Salz · Cayennepfeffer
Saft von ½ Zitrone
3 Chorizo-Würstchen
8–12 Salbeiblätter
2–3 EL Olivenöl

Für 4-6 Portionen
Zubereitungszeit ca. 50 Min.

1. Die Schalotten und den Ingwer schälen und beides klein würfeln. Den Kürbis waschen, die Kerne herauskratzen und das Fruchtfleisch samt Schale klein schneiden. Das Rapsöl in einem breiten Topf erhitzen, die Schalotten und den Ingwer darin farblos andünsten.

2. Die Kürbisstücke dazugeben, mit dem Curry bestreuen und unter Rühren 2 bis 3 Minuten mitdünsten. Den Zucker über die Kürbisstücke streuen und leicht karamellisieren lassen. Mit der Gemüsebrühe aufgießen und die Suppe bei mittlerer Hitze zugedeckt 15 bis 20 Minuten leise köcheln lassen, bis der Kürbis weich ist.

3. Die Kürbissuppe mit einem Pürierstab fein mixen. Die Butter in Stücken dazugeben und untermixen, bis die Suppe eine cremigweiche Konsistenz aufweist. Die Kürbissuppe mit Salz, Pfeffer und Zitronensaft abschmecken.

4. Die Chorizo-Würstchen in mundgerechte Stücke schneiden und mit den Salbeiblättern in heißem Olivenöl anbraten. Die Kürbissuppe in tiefe Teller schöpfen und die gebratene Chorizo mit dem Salbei und dem Bratöl darauf verteilen.

»In der Steiermark hat Kürbisanbau eine lange Tradition. Ich verwende das heimatliche Gemüse sehr gerne für Suppen. Die scharfe Chorizo und der gebratene Salbei ergänzen das feine Kürbisaroma perfekt!«

»Am besten lässt sich Milch
aufschäumen, wenn sie nicht zu heiß ist.
Ich verwende dazu am liebsten
eine H-Milch mit 3,5 % Fett.«

Mit Basilikum

TOMATEN-CAPPUCCINO

Zutaten:

5 Stängel Basilikum
1 Knoblauchzehe
400 ml Milch
2 Schalotten
1 kleine rote Chilischote
250 g Kirschtomaten
2 EL Olivenöl
1 EL Zucker
1 EL Tomatenmark
2–3 EL Rotweinessig
200 ml Tomatensaft
200 ml Gemüsebrühe
Salz · frisch gemahlener Pfeffer

Für 4 Portionen
Zubereitungszeit ca. 30 Min.

1. Das Basilikum waschen, trocken schütteln, die Blättchen abzupfen, hacken und zugedeckt beiseite legen. Den Knoblauch abziehen und zerdrücken. Die Basilikumstiele mit der Milch und dem zerdrücktem Knoblauch erhitzen, leicht salzen und etwa 20 Minuten zugedeckt am Herdrand ziehen lassen.

2. Inzwischen die Schalotten schälen, die Chilischote waschen, halbieren und entkernen. Schalotte und Chili fein würfeln und mit den Kirschtomaten in heißem Olivenöl anschwitzen. Mit dem Zucker bestreuen und diesen leicht karamellisieren lassen.

3. Das Tomatenmark unterrühren, mit Essig ablöschen und mit Tomatensaft und Brühe aufgießen. Die Suppe bei schwacher Hitze zugedeckt etwa 10 Minuten leise köcheln lassen. Anschließend mit einem Pürierstab fein mixen und durch ein Sieb streichen. Die Suppe mit Salz und Pfeffer abschmecken.

4. Aus der Basilikum-Milch die Stiele entfernen. Die Basilikumblätter zufügen und mit einem Pürierstab kurz untermixen. Die Milch nochmals erhitzen (etwa 70 °C), den Topf leicht schräg halten und die Milch schaumig aufmixen. Die Tomatensuppe in Tassen verteilen und mit einem Löffel etwas Schaum daraufsetzen. Zwischendurch die Milch immer wieder mit dem Pürierstab aufschäumen.

Mit Petersilie

PETERSILIENSUPPE »GRÜN-WEISS«

Zutaten:

2 Schalotten
250 g Petersilienwurzel
2 EL Rapsöl
½ l Geflügel- oder Gemüsebrühe
200 g Sahne (mind. 30 % Fett)
4–5 Stängel glatte Petersilie
Salz · frisch gemahlener Pfeffer
Saft von ½ Zitrone
100 g Butter
nach Belieben frittierte Petersilienblätter zum Garnieren

Für 4 Portionen
Zubereitungszeit ca. 40 Min.

1. Die Schalotten und die Petersilienwurzel schälen, in dünne Scheiben schneiden und zusammen in heißem Rapsöl in einem Topf anschwitzen. Mit der Brühe und der Sahne aufgießen und bei mittlerer Hitze etwa 20 Minuten zugedeckt leise köcheln lassen.

2. Inzwischen die Petersilie waschen, trocken schütteln und die Blättchen von den Stielen zupfen. Die Petersilienwurzelsuppe mit einem Pürierstab fein mixen und mit Salz, Pfeffer und Zitronensaft würzig abschmecken. Die Hälfte der Suppe mit der Hälfte der Butter nochmals aufmixen und in vorgewärmte tiefe Teller schöpfen.

3. Die abgezupften Petersilienblätter mit der übrigen Butter zur restlichen Petersilienwurzelsuppe in den Topf geben und fein mixen, bis die Suppe eine schöne grüne Farbe angenommen hat. Die grüne Suppe auf die weiße Suppe in den Tellern verteilen und nach Belieben mit frittierter Petersilie garniert servieren.

»Diese samtige, feine Suppe ist einer meiner Favoriten,
weil sie nicht nur hervorragend schmeckt, sondern darin auch ein altes Gemüse,
die Petersilienwurzel, wieder zu Ehren kommt!«

Mit Dill

SPARGELSCHAUMSUPPE MIT NORDSEE-KRABBEN

Zutaten:

800 g weißer Spargel
1 Bund Dill
¾ l Geflügelfond (oder Brühe)
150 g Nordsee-Krabben
2 EL Olivenöl
1 TL Ahornsirup
Saft von ½ Limette
200 g Sahne (mind. 30 % Fett)
Salz · frisch gemahlener Pfeffer
1 Prise Zucker
75 g kalte Butter
3–4 EL Weißwein
100 g Crème fraîche

Für 4 Portionen
Zubereitungszeit ca. 45 Min.

1. Den Spargel waschen, schälen und holzige Enden abschneiden. Den Dill waschen, trocken schütteln, die Blättchen von den Stielen zupfen und grob hacken. Die Spargelstangen bündeln und mit den Schalen, den Spargelabschnitten und den Dillstielen in kochendem Geflügelfond in etwa 10 Minuten bissfest garen.

2. Den fertig gegarten Spargel mit einem Schaumlöffel aus dem Geflügelfond herausnehmen. Die Kochbrühe durch ein feines Sieb gießen, auffangen und um etwa ein Drittel einkochen lassen. Die Krabben abtropfen lassen.

3. Vom gekochten Spargel die Spitzen 3 cm breit abschneiden und nach Belieben längs halbieren. Die Spargelspitzen mit den Krabben mischen und mit dem Olivenöl, dem Ahornsirup und dem gehacktem Dill marinieren. Die Mischung mit Salz, Pfeffer und etwas Limettensaft abschmecken.

4. Die übrigen Spargelstangen in kleine Stücke schneiden und mit der reduzierten Brühe und der Sahne im Mixer fein pürieren. Die Suppe anschließend erneut aufkochen und mit Salz, Pfeffer und dem Zucker abschmecken.

5. Die Butter in Würfel schneiden und nach und nach mit dem Wein und der Crème fraîche unter die Suppe mixen. Die aufgeschäumte Suppe in tiefe Teller oder Tassen füllen und die Spargel-Krabben-Mischung darauf verteilen. Sofort servieren.

Mit Lorbeer und Zitronenthymian
FISCHSUPPE MIT FENCHELKRAUT

Zutaten:

8–12 frische Riesengarnelen
4–5 EL Olivenöl
1 TL Tomatenmark
150 ml trockener Weißwein
600 ml Fischfond
1 Zwiebel
3 Knoblauchzehen
½ Lauchstange
1 kleine Fenchelknolle
12 kleine Kartoffeln
12 Kirschtomaten
abgeschälte Schalenstreifen
von ½ Bio-Orange
3–4 Zweige Zitronenthymian
2–3 Lorbeerblätter
1 TL Safranfäden
Salz · frisch gemahlener Pfeffer
ca. 1,2 kg gemischte Fischfilets
(z.B. Seeteufel, Wolfsbarsch,
Rotbarbe, Dorade)

Für 4–6 Portionen
Zubereitungszeit ca. 1 Std. 25 Min.

1. Die Riesengarnelen aus der Schale brechen und die Därme entfernen. Die Garnelen waschen, abtropfen lassen und bis zur Verwendung kühl stellen. Die Garnelenschalen in 2 EL heißem Olivenöl etwa 2 Minuten anrösten. Das Tomatenmark unterrühren und kurz mitrösten. Mit dem Wein ablöschen, den Fischfond angießen und alles etwa 15 Minuten leise köcheln lassen.

2. Inzwischen die Zwiebel und den Knoblauch schälen und beides in feine Streifen schneiden. Den Lauch waschen, putzen und in dünne Scheiben schneiden. Den Fenchel waschen, putzen, das Fenchelgrün beiseite legen und die Knolle in dünne Scheiben schneiden. Die Kartoffeln in Salzwasser weich garen, anschließend pellen und halbieren. Den Garnelensud durch ein feines Sieb passieren.

3. Das restliche Olivenöl in einem großen breiten Topf erhitzen. Die Zwiebeln und den Knoblauch darin etwa 1 Minute andünsten. Den Fenchel, die Kirschtomaten und die Orangenschale untermischen und kurz mitandünsten. Mit dem passierten Garnelensud aufgießen. Den Zitronenthymian, die Lorbeerblätter und die Safranfäden dazugeben. Die Suppe mit Salz und Pfeffer würzen, aufkochen und etwa 20 Minuten leise köcheln lassen.

4. Währenddessen die Fischfilets waschen, trocken tupfen und in mundgerechte Stücke teilen. Die Fischstücke, die geschälten Riesengarnelen und die vorgegarten Kartoffeln in die Suppe geben und bei mittlerer bis schwacher Hitze zugedeckt etwa 10 Minuten garen. Die Fischsuppe kräftig abschmecken und mit dem beiseitegestellten Fenchelgrün bestreut servieren.

Mit Basilikum, Koriander und Lorbeer

KICHERERBSEN-TOMATEN-EINTOPF

Zutaten:

300 g getrocknete Kichererbsen
5 reife Strauchtomaten
2 Zwiebeln
2–3 Knoblauchzehen
1 kleine rote Chilischote
5–6 Stängel Koriandergrün
5–6 Stängel Basilikum
2–3 EL Sesamöl
1 TL gemahlene Kurkuma
600 ml Gemüsebrühe
2 Lorbeerblätter
Salz · Cayennepfeffer
Basilikum- und Korianderblätter
zum Garnieren

Für 4 Portionen
Einweichzeit ca. 12 Std.
Zubereitungszeit ca. 1 Std. 15 Min.

1. Die Kichererbsen mit kaltem Wasser bedecken und über Nacht zugedeckt einweichen. Am nächsten Tag die Kichererbsen abgießen und in etwa 30 Minuten in kochendem Wasser weich garen. In ein Sieb geben und abtropfen lassen.

2. Die Tomaten waschen, kreuzweise einritzen und für etwa 30 Sekunden in kochendes Wasser legen, anschließend abschrecken und mit einem kleinen Messer die Haut abziehen. Die Tomaten vierteln, entkernen und das Fruchtfleisch in Stücke schneiden.

3. Die Zwiebeln schälen, halbieren und in feine Streifen schneiden. Den Knoblauch abziehen und in dünne Scheiben schneiden. Die Chilischote waschen, der Länge nach halbieren, entkernen und in sehr feine Streifen schneiden.

4. Den Koriander und das Basilikum waschen, trocken schütteln, die Blättchen von den Stielen zupfen und grob hacken. Die Kräuterstiele aufheben. Das Sesamöl in einem Topf erhitzen und die Zwiebeln, den Knoblauch und die Chilistücke darin 2 bis 3 Minuten bei mittlerer Hitze andünsten. Mit dem Kurkumapulver bestreuen und die Gemüsebrühe angießen.

5. Die Kichererbsen und die Tomatenstücke untermischen, die Lorbeerblätter und die Kräuterstiele hinzufügen und alles nochmals bei reduzierter Hitze etwa 10 Minuten leise köcheln lassen. Anschließend die Lorbeerblätter und die Kräuterstiele entfernen.

6. Den Kichererbsen-Tomaten-Eintopf kräftig mit Salz und Cayennepfeffer abschmecken und die gehackten Kräuter untermischen. Den Eintopf in vorgewärmte tiefe Teller schöpfen und mit frischen Basilikum- und Korianderblättchen garniert servieren.

Mit Majoran und Petersilie

SCHARFER BOHNENEINTOPF

Zutaten:

200 g getrocknete weiße Bohnen
100 g getrocknete rote
Kidneybohnen
3 Schalotten · 2 Knoblauchzehen
1 rote Chilischote · 3 EL Olivenöl
20 Kirschtomaten
1 EL Paprikapulver (rosenscharf)
2 EL Zucker · 1 EL Tomatenmark
50 ml Rotweinessig
700 ml kräftige Rinderbrühe
(oder Geflügelbrühe)
½ Bund glatte Petersilie
4 Stängel Majoran
300 g Rinderhackfleisch · 1 Ei
1 EL mittelscharfer Senf
2–3 EL Semmelbrösel
Salz · frisch gemahlener Pfeffer
50 g Butterschmalz
Majoranblätter zum Bestreuen

Für 4–6 Portionen
Einweichzeit ca. 12 Std.
Zubereitungszeit ca. 1 Std. 10 Min.

1. Die getrockneten Bohnen in eine Schüssel geben, mit kaltem Wasser bedecken und über Nacht zugedeckt einweichen. Am nächsten Tag die Bohnen abgießen und anschließend in reichlich ungesalzenem Wasser bei mittlerer Hitze in etwa 45 Minuten weich kochen, dabei gelegentlich umrühren.

2. Inzwischen die Schalotten und den Knoblauch schälen und fein würfeln. Die Chilischote waschen, halbieren, entkernen und in sehr feine Streifen schneiden. Das Olivenöl erhitzen und die Schalotten mit dem Knoblauch und den Chilistreifen darin andünsten.

3. Die Kirschtomaten waschen, kurz abtropfen lassen und mit in die Pfanne geben. Mit dem Paprikapulver und dem Zucker bestreuen. Das Tomatenmark unterrühren, alles mit dem Essig ablöschen und mit der Brühe aufgießen. Die Mischung bei mittlerer Hitze etwa 30 Minuten leise köcheln lassen.

4. Anschließend mit einem Pürierstab fein mixen und nach Belieben durch ein Sieb in einen anderen Topf streichen. Die separat gekochten Bohnen in einem Sieb kurz abtropfen lassen, in den Tomatensud geben und bei schwacher Hitze darin noch etwa 30 Minuten ziehen lassen, dabei gelegentlich umrühren.

5. Inzwischen die Petersilie und den Majoran waschen, trocken schütteln, die Blättchen von den Stielen zupfen und fein hacken. Das Hackfleisch mit dem Ei, dem Senf, den Semmelbröseln und den gehackten Kräutern gründlich verkneten. Die Masse mit Salz und Pfeffer kräftig würzen.

6. Aus der Hackfleischmasse gut walnussgroße Bällchen formen und diese in heißem Butterschmalz bei mittlerer Hitze in einer großen Pfanne rundherum etwa 6 Minuten braten. Die Hackbällchen samt Bratfett auf tiefe Teller verteilen, den Eintopf darübergeben und mit Majoranblättchen bestreut servieren.

Meine
PASTA-, REIS- UND GNOCCHI-
Rezepte

Mit mediterranen Kräutern

MEDITERRANES NUDELGRATIN

Zutaten:

250 g Rigatoni
Salz
1 Zwiebel
2 Knoblauchzehen
1 rote Chilischote
1 rote Paprikaschote
1 gelbe Paprikaschote
3 EL Olivenöl
1 EL Zucker
1 altbackenes Brötchen
2 EL Milch
50 g gemischte mediterrane Kräuter
(z. B. glatte Petersilie, Oregano, Thymian, Rosmarin, Salbei)
350 g Putenhackfleisch
1 Ei · 1 TL scharfer Senf
frisch gemahlener Pfeffer
175 g Sahne (mind. 30 % Fett)
2 Eigelbe
50 g Parmesan
Basilikum zum Garnieren

Für 4 Portionen
Zubereitungszeit ca. 1 Std. 25 Min.

1. Die Nudeln in reichlich kochendem Salzwasser bissfest garen, abgießen, kalt abschrecken und sehr gut abtropfen lassen. Die Zwiebel und den Knoblauch schälen und beides fein hacken.

2. Die Chili waschen, halbieren, entkernen und fein hacken. Die Paprika waschen, putzen und in 1 bis 2 cm große Würfel schneiden. Die Zwiebeln mit dem Knoblauch sowie den Chili- und Paprikastücken in heißem Olivenöl andünsten. Mit dem Zucker bestreuen, leicht karamellisieren lassen, mit Salz abschmecken und die Mischung in eine Gratinform füllen.

3. Das Brötchen würfeln und in Milch einweichen. Die Kräuter waschen, trocken schütteln und die Blättchen von den Stielen zupfen. Die Kräuter mit dem Hackfleisch, dem gut ausgedrückten Brötchen, dem Ei und dem Senf im Mixer oder mit einem Pürierstab zu einer glatten Farce mixen.

4. Die Kräuter-Hackfleisch-Farce mit Salz und Pfeffer kräftig abschmecken. Die Farce in einen Spritzbeutel mit Lochtülle füllen und in die vorgegarten Nudeln spritzen. Die gefüllten Rigatoni dicht an dicht auf dem Gemüse in der Gratinform verteilen.

5. Den Backofen auf 200 °C (Ober-/Unterhitze) vorheizen. Die Sahne mit den Eigelben und dem Parmesan mischen und mit dem Pürierstab fein mixen. Mit Salz und Pfeffer kräftig würzen und die Mischung über die gefüllten Nudeln gießen.

6. Das Gratin im heißen Backofen in etwa 40 Minuten goldbraun backen. Das Basilikum waschen, trocken schütteln, die Blättchen von den Stielen zupfen und grob hacken. Über das fertige Gratin streuen und alles sofort servieren.

Mit gemischten Gartenkräutern
KRÄUTERNUDELN MIT PESTO

Für den Kräuternudelteig:
100 g glatte Petersilie
1 Eigelb · 2 Eier
1 EL Olivenöl
1 Prise Salz
250 g Weizenmehl (Type 405)

Für das Pesto:
100 g frische Gartenkräuter
(z.B. Petersilie, Kresse, Dill,
Kerbel, Estragon)
50 g gehobelte Mandeln
50 g Parmesan
2 Knoblauchzehen
⅛ l mildes Rapsöl
Meersalz
Cayennepfeffer

Außerdem:
250 g Kirschtomaten
50 g Butter

Für 4 Portionen
Ruhezeit ca. 1 Std.
Zubereitungszeit ca. 1 Std.

1. Für den Kräuternudelteig zum Färben eine Kräutermatte herstellen: Die Petersilie waschen, trocken schleudern, die Blättchen von den Stielen zupfen und mit ½ l kaltem Wasser fein pürieren. Die Masse in ein Passiertuch geben und ausdrücken (Step 1).

2. Den aufgefangenen Petersiliensaft langsam erwärmen. Sobald die Flüssigkeit etwa 75 °C erreicht hat, gerinnt das Blattgrün und setzt sich auf der Flüssigkeit ab. Diese Kräutermatte mit einer Schaumkelle oder einem Sieb von der Flüssigkeit abheben (Step 2).

3. Die Kräutermatte mit dem Eigelb, den Eiern, Öl und Salz verquirlen. Das Mehl hinzufügen und alles zu einem glatten, geschmeidigen Teig verkneten. Den Nudelteig zur Kugel formen, in Frischhaltefolie wickeln und im Kühlschrank 1 Stunde ruhen lassen.

4. Inzwischen für das Pesto die Gartenkräuter waschen, trocken schleudern und die Blättchen von den Stielen zupfen. Die Mandeln in einer beschichteten Pfanne ohne Fett goldbraun rösten, herausnehmen und abkühlen lassen. Den Parmesan fein reiben.

5. Den Knoblauch abziehen, hacken, mit dem Öl, den Mandeln und den abgezupften Kräutern in einen hohen Becher geben und mit einem Pürierstab fein mixen. Den Parmesan unterheben. Das Pesto mit Salz und Cayennepfeffer abschmecken.

6. Den Nudelteig portionsweise mit einer Nudelmaschine zu 1 bis 2 cm breiten Bandnudeln verarbeiten. Alternativ den Teig auf einer mit Mehl bestäubten Arbeitsfläche 1 mm dünn ausrollen, gleichmäßig mit Mehl bestäuben, wieder einrollen und mit einem Messer in beliebig breite Streifen schneiden. Die Nudeln sofort auflockern.

7. Die Kirschtomaten waschen und halbieren. Die Nudeln in reichlich kochendem Salzwasser etwa 4 Minuten garen. Die Kirschtomaten in zerlassener Butter anschwitzen. Die Nudeln abgießen, kurz abtropfen lassen und mit den Kirschtomaten mischen. Die Nudeln auf tiefe Teller verteilen und etwas Pesto daraufgeben.

Kräutermatte herstellen

1. Die Petersilienblätter mit Wasser fein pürieren. Die Masse in ein Passiertuch geben und ausdrücken, den abtropfenden Saft auffangen.

2. Den Petersiliensaft langsam auf etwa 75 °C erwärmen. Das Blattgrün schwimmt dann obenauf und kann als Kräutermatte abgeschöpft werden.

Mit gemischten Kräutern

GNOCCHI MIT KÄSE-KRÄUTER-FÜLLUNG

Zutaten:

600 g mehligkochende Kartoffeln
50 g gemischte Kräuter (z. B. Petersilie, Oregano, Basilikum, Thymian)
50 g Parmesan
150 g Ziegenfrischkäse
Salz · Cayennepfeffer
2 Eigelbe
150 g doppelgriffiges Mehl (Dunst)
frisch geriebene Muskatnuss
100 g Butter
10–12 Salbeiblätter
50 g Parmesan nach Belieben

Für 4 Portionen
Zubereitungszeit ca. 1 Std. 10 Min.

1. Die Kartoffeln gründlich waschen und in einem Topf knapp mit Wasser bedeckt in etwa 35 Minuten weich garen. Inzwischen die Kräuter waschen und trocken schütteln. Die Blättchen von den Stielen zupfen und fein hacken.

2. Den Parmesan fein reiben und mit dem Ziegenfrischkäse und den fein gehackten Kräutern verrühren. Die Masse mit Salz und Cayennepfeffer würzen, zu etwa 1 cm kleine Kugeln formen und diese zugedeckt kühl stellen.

3. Die fertig gegarten Kartoffeln abgießen, noch heiß pellen und die gepellten Kartoffeln zweimal durch eine Kartoffelpresse drücken. Die Eigelbe und das Mehl dazugeben, salzen, pfeffern, mit Muskat würzen und die Masse rasch zu einem glatten Teig verarbeiten.

4. Den Teig auf einer bemehlten Arbeitsfläche zu einer etwa 3 cm dicken Rolle formen. Mit einer bemehlten Teigkarte (oder dem Messerrücken eines dünnen Messers) in etwa 3 cm lange Stücke schneiden. Die Teigportionen mit der Käse-Kräuter-Masse füllen (Step 1). Zuletzt mit den Zinken einer großen Gabel das typische Gnocchi-Muster hineindrücken (Step 2).

5. Die Gnocchi in leicht kochendes Salzwasser geben, die Hitze reduzieren und die Gnocchi 7 bis 8 Minuten garziehen lassen (sie schwimmen obenauf, wenn sie gar sind). Inzwischen die Butter in einer großen Pfanne aufschäumen lassen. Die Salbeiblätter hineingeben und leicht anrösten.

6. Die fertig gegarten Gnocchi mit einer Schöpfkelle aus dem Wasser herausheben, kurz abtropfen lassen und in der Salbeibutter schwenken. Auf vorgewärmte Teller verteilen und nach Belieben mit frisch gehobeltem Parmesan bestreut servieren.

Gnocchi füllen und formen

1. Die Teigportionen mit bemehlten Händen etwas flach drücken, je eine Käse-Kräuter-Kugel darauflegen und sorgfältig mit dem Teig umhüllen.

2. Die Gnocchi von Hand prägen: Dazu mit den Zinken einer Gabel das typische Rillenmuster behutsam in die gefüllten Gnocchi eindrücken.

Mit Bärlauch und Thymian

TORTELLONI MIT BÄRLAUCHCREME

Zutaten:
300 g Weizenmehl (Type 405)
1 Ei · 9 Eigelbe
4 EL Olivenöl
75 g frisch geriebener Parmesan
250 g Sahne (mind. 30 % Fett)
Salz · frisch gemahlener Pfeffer
frisch geriebene Muskatnuss
Mehl zum Arbeiten
50 g Bärlauch
150 ml Geflügelbrühe
75 g Schmelzkäse
3 Scheiben Parmaschinken
4–5 Zweige Thymian
50 g Butter
gehobelter Parmesan zum Bestreuen

Für 4 Portionen
Zubereitungszeit: ca. 2 Std.

1. Das Mehl mit dem Ei, 3 Eigelben, etwas Salz und 2 EL Öl zu einem glatten Nudelteig verkneten. Den Teig zur Kugel formen und in Folie gewickelt 1 Stunde im Kühlschrank ruhen lassen. Inzwischen für die Füllung 5 Eigelbe in eine Schüssel über einem heißen Wasserbad 2 bis 3 Minuten dickcremig aufschlagen, vom Wasserbad nehmen und weiterschlagen, bis der Eigelbschaum ausgekühlt ist.

2. Den Parmesan unter den Eigelbschaum heben. 100 g Sahne steif schlagen, unterziehen und die Creme mit Salz, Pfeffer und Muskat würzen. Die Parmesancreme in einen Spritzbeutel füllen und für 30 Minuten in den Kühlschrank legen.

3. Den Nudelteig auf einer mit Mehl bestäubten Arbeitsfläche 1 bis 2 mm dünn ausrollen und in etwa 8 x 8 cm große Quadrate schneiden. Je einen Tupfen Parmesancreme in die Mitte der Teigquadrate geben. Die Teigränder jeweils mit verquirltem Eigelb dünn einpinseln, jedes Quadrat zum Dreieck zusammenklappen und zu Tortelloni formen. Die Pasta bis zur weiteren Verwendung ins Gefrierfach legen.

4. Für die Bärlauchcreme den Bärlauch waschen, trocken schütteln und grob hacken. Die Brühe mit der restlichen Sahne auf die Hälfte einkochen lassen. Den Bärlauch und den Schmelzkäse hinzufügen und mit dem Pürierstab feincremig mixen. Die Sauce mit Salz, Pfeffer und Muskat würzig abschmecken.

5. Das restliche Öl in einer Pfanne erhitzen und den Parmaschinken darin auf beiden Seiten langsam knusprig braten. Auf Küchenpapier abtropfen lassen und anschließend in kleine Stücke brechen. Das Bratöl in der Pfanne belassen.

6. Die Tortelloni in kochendem Salzwasser 4 bis 5 Minuten garen. Den Thymian waschen und trocken schütteln. Die Tortelloni mit einem Schaumlöffel aus dem Kochwasser heben, kurz abtropfen lassen und mit dem Thymian und der Butter zum Schinkenbratöl in die heiße Pfanne geben. Kurz durchschwenken, auf der Bärlauchcreme anrichten und mit Parmaschinken und Parmesanspänen garnieren.

Mit gemischten Gartenkräutern
POLENTA-GNOCCHI MIT KRÄUTERN

Zutaten:

150 ml Milch
300 ml Geflügelbrühe
Salz · frisch gemahlener Pfeffer
frisch geriebene Muskatnuss
175 g Instant-Polentagrieß
100 g geriebener Parmesan
Öl für das Blech
3–4 Stängel glatte Petersilie
3–4 Zweige Oregano
3–4 Zweige Thymian
2–3 Salbeiblätter
2 Knoblauchzehen
75 g Butter
Butter für die Form

Für 4 Portionen
Zubereitungszeit: ca. 2 Std. 40 Min.

1. Die Milch mit der Geflügelbrühe mischen, aufkochen und mit Salz, Pfeffer und Muskat kräftig würzen. Den Polentagrieß in die kochende Flüssigkeit einrühren und unter ständigem Rühren 3 bis 4 Minuten kochen lassen. Die Polenta vom Herd nehmen und die Hälfte des Parmesans unterrühren.

2. Ein tiefes Blech (ca. 20 x 30 cm) mit Öl auspinseln und die kochendheiße Polenta auf das Blech gießen. Sofort mit einer mit Wasser benetzten Palette oder Teigkarte glatt streichen und dann für etwa 2 Stunden in den Kühlschrank stellen.

3. Inzwischen die Petersilie, den Oregano und den Thymian waschen, trocken schütteln, die Blättchen von den Stielen zupfen und zusammen mit den Salbeiblättern fein hacken. Den Knoblauch abziehen und ebenfalls fein hacken. Die Butter in einem kleinen Topf schmelzen, die gehackten Kräuter und den Knoblauch einrühren und den Topf vom Herd ziehen.

4. Den Backofen auf 220 °C (Ober-/Unterhitze) vorheizen Die erkaltete und fest gewordene Polenta vom Blech auf ein Schneidebrett stürzen und mit einem Ausstecher (ca. 6 cm Durchmesser) Ovale ausstechen (oder ersatzweise in Scheiben schneiden). Die Polentascheiben dachziegelartig in eine gebutterte Auflaufform schichten.

5. Die eingeschichteten Polentascheiben mit dem restlichen Parmesan gleichmäßig bestreuen und die Kräuter-Knoblauch-Butter darüberträufeln. Die Auflaufform in den heißen Ofen stellen und die Polenta darin in etwa 15 Minuten goldbraun backen.

Mit gemischten Wildkräutern

WILDKRÄUTER-FRISCHKÄSE-MAULTASCHEN

Für den Nudelteig:
150 g Weizenmehl (Type 405)
150 g Hartweizengrieß
1 gestr. TL Salz
3 Eier · Mehl zum Arbeiten
1 Eigelb zum Bestreichen

Für die Maultaschen-Füllung:
100 g gemischte Wildkräuter
(z.B. Brennnessel, Brunnenkresse,
Sauerampfer, Bärlauch)
1 Zwiebel
1 Knoblauchzehe
1 EL Olivenöl
50 g Bergkäse
250 g Doppelrahm-Frischkäse
3–4 EL Semmelbrösel
Salz · frisch gemahlener Pfeffer
frisch geriebene Muskatnuss

Außerdem:
700 ml kräftige Fleisch-
oder Gemüsebrühe
2–3 Zwiebeln · 75 g Butter
Schnittlauchröllchen zum Bestreuen

Für 4 Portionen
Zubereitungszeit ca. 2 Std.

1. Für den Nudelteig das Mehl, den Grieß, das Salz und die Eier in die Rührschüssel einer Küchenmaschine geben und 5 Minuten zu einem glatten, festen Teig verkneten. Den Teig zur Kugel formen, in Frischhaltefolie wickeln und 1 Stunde im Kühlschrank ruhen lassen.

2. Für die Füllung die Wildkräuter waschen, trocken schleudern, die Blättchen von den Stielen zupfen und fein hacken. Die Zwiebel und den Knoblauch schälen, fein würfeln und zusammen mit den Kräutern in heißem Olivenöl leicht andünsten. Die Pfanne vom Herd ziehen und die Mischung auskühlen lassen.

3. Den Bergkäse fein reiben. Den Frischkäse mit den ausgekühlten Kräutern, dem geriebenen Bergkäse und den Semmelbröseln verrühren. Die Masse mit Salz, Pfeffer und Muskat würzig abschmecken.

4. Den Nudelteig auf einer leicht bemehlten Arbeitsfläche 1 mm dünn ausrollen und in Bahnen von 30 x 15 cm Größe schneiden. Das Eigelb mit 2 EL Wasser verrühren. Auf der Teigplatte im Abstand von etwa 3 cm je 1 Esslöffel Füllung verteilen (Step 1). Die Teigränder und Zwischenräume mit dem verquirlten Eigelb bestreichen. Die freie Teigseite über die Füllung klappen.

5. Den Teig am Rand gut festdrücken. Zwischen den Füllungen mit einem Holzstiel schräg andrücken (Step 2). Die Maultaschen anschließend trennen und mit der Hand etwas flach drücken, damit die typische Form entsteht. Die Brühe aufkochen, die Maultaschen einlegen, die Hitze reduzieren und die Pasta darin 10 bis 12 Minuten garziehen lassen.

6. Die Zwiebeln schälen, in Ringe schneiden und in der Butter goldbraun rösten. Die Maultaschen mit der Brühe in tiefe Teller geben, geröstete Zwiebelringe darüber verteilen und nach Belieben mit Schnittlauchröllchen bestreut servieren.

Maultaschen formen

1. Die Kräuter-Frischkäse-Füllung auf die Teigbahnen setzen, die Teigränder mit Eigelb bepinseln und über die Füllung klappen.

2. Den Teig zwischen den Füllungen mit einem Holzstiel schräg andrücken. Anschließend die Maultaschen mit einem Teigrädchen trennen.

117

»Dieser Klassiker aus der italienischen
Küche verbreitet Urlaubslaune auf
die kulinarische Art. Ein Gläschen Rotwein
dazu und das Mahl ist perfekt!«

Mit mediterranen Kräutern

SPAGHETTI MIT KRÄUTER-TOMATENSUGO

Zutaten:
4 reife Strauchtomaten
2 Knoblauchzehen
4–5 Sardellenfilets in Öl
3 Stängel glatte Petersilie
3 Zweige Oregano
3 Stängel Basilikum
4 EL Olivenöl · 50 g Butter
3 EL Pinienkerne
100 ml Tomatensaft
150 g schwarze Oliven (entsteint)
Salz · frisch gemahlener Pfeffer
400 g Spaghetti
Basilikumblätter zum Garnieren

Für 4 Portionen
Zubereitungszeit ca. 35 Min.

1. Die Tomaten waschen, vierteln, entkernen und klein würfeln. Den Knoblauch abziehen und fein hacken. Die Sardellenfilets abtropfen lassen und ebenfalls klein hacken. Die Petersilie, den Oregano und das Basilikum waschen, trocken schütteln, die Blättchen von den Stielen zupfen und fein hacken.

2. Das Öl und die Butter zusammen in einer breiten Pfanne erhitzen. Die Pinienkerne, den Knoblauch und die Sardellen darin bei schwacher Hitze etwa 1 Minute anbraten. Die gewürfelten Tomaten, den Tomatensaft und die Oliven dazugeben und etwa 10 Minuten leise köcheln lassen. Mit Salz und Pfeffer kräftig abschmecken.

3. Die Spaghetti in reichlich kochendem Salzwasser bissfest garen. Die Pasta abgießen und mit 2 bis 3 EL Kochwasser und den gehackten Kräutern unter die Tomatensauce mischen. Die Nudeln auf vorgewärmte Teller verteilen und mit Basilikum garniert servieren.

Mit Bärlauch

BÄRLAUCH-KÄSE-SPATZEN

Zutaten:

100 g Bärlauch
5 Eier · 2 Eigelbe
400 g Weizenmehl (Type 405)
Salz · 3 Zwiebeln
100 g Butter
150 g geriebener Bergkäse

Für 4 Portionen
Zubereitungszeit ca. 1 Std. 10 Min.

1. Den Bärlauch putzen, waschen und trocken schleudern. Die Blätter klein schneiden, mit den Eiern und den Eigelben in einen hohen Becher geben und mit dem Pürierstab sehr fein mixen.

2. Die Bärlauch-Eier-Mischung mit dem Mehl und 1 Prise Salz in eine große Schüssel geben und mit einem Holzlöffel verrühren. Den Teig so lange kräftig schlagen, bis er Blasen wirft. Der Teig ist optimal, wenn er in einem Stück langsam und zäh vom Holzlöffel fließt, ohne zu reißen. Wenn der Teig zu trocken ist, nach Bedarf noch etwas Wasser hinzufügen.

3. Zum Garen reichlich Wasser in einem großen Topf zum Kochen bringen und kräftig salzen. Den Teig zu Spätzle verarbeiten: Dazu ein Spätzlebrett und einen Spätzleschaber in das kochende Wasser tauchen, 3 EL Teig auf das Spätzlebrett geben und am unteren Ende des Brettes dünn streichen.

4. Den Teig mit dem Schaber in dicken Bahnen vom Brett in das Wasser schaben. Dabei zwischendurch den Schaber immer wieder in das Wasser tauchen. Die Spätzle sind fertig, wenn sie an der Oberfläche schwimmen. Mit einer Schaumkelle herausheben und sehr gut abtropfen lassen.

5. Die Zwiebeln schälen, in sehr dünne Scheiben schneiden und in 50 g zerlassener Butter in einer großen Pfanne goldbraun braten. Die Spätzle und die restliche Butter zufügen und kurz mitbraten. Den Käse unter die Spätzle heben und schmelzen lassen.

»Das Rezept erfordert einen aromatischen Käse, der sich mit dem kräftigen Bärlaucharoma die Waage hält und verträgt. Ich bervorzuge einen Allgäuer Bergkäse!«

Mit Minze

ERBSEN-MINZE-RISOTTO

Zutaten:
75 g Butter
4–5 Stängel Minze
500 g Erbsenschoten
Salz · 2 Schalotten
1 Knoblauchzehe
300 g Risottoreis
150 ml Weißwein
700 ml Geflügelbrühe
50 g Parmesan
frisch gemahlener Pfeffer
2–3 EL Crème fraîche
Erbsenkresse zum Garnieren

Für 4 Portionen
Zubereitungszeit ca. 45 Min.

1. Zwei Drittel der Butter zerlassen und etwas abkühlen lassen. Die Minze waschen und trocken schütteln, die Blätter von den Stielen zupfen, klein schneiden und mit der flüssigen Butter fein pürieren. Das Minzpüree anschließend zugedeckt kühl stellen.

2. Die Erbsenschoten der Länge nach aufschlitzen, die Erbsen herauspulen und in kochendem Salzwasser in 4 bis 5 Minuten bissfest garen. In ein Sieb abgießen, kalt abschrecken und abtropfen lassen.

3. Die Schalotten und den Knoblauch schälen und beides fein würfeln. Die restliche Butter in einem breiten Topf zerlassen und die Schalotten und den Knoblauch darin anschwitzen. Den Reis hinzufügen, kurz mitdünsten, dann mit dem Weißwein ablöschen.

4. Etwa ein Viertel der Brühe angießen und das Ganze bei mittlerer Hitze köcheln lassen, bis der Reis die Flüssigkeit aufgesogen hat, dabei immer wieder umrühren, damit der Risotto schön cremig wird. Diesen Vorgang wiederholen, bis die Brühe aufgebraucht ist und der Reis nach etwa 18 Minuten gar ist.

5. Inzwischen den Parmesan fein reiben. Wenn der Reis gar ist, den Parmesan, die blanchierten Erbsen und die Minzbutter unterrühren. Den Risotto mit Salz und Pfeffer abschmecken und mit der Crème fraîche verfeinern. Zum Servieren nach Belieben mit Erbsenkresse oder anderen Sprossen bzw. Kräutern garnieren.

»Dieses Risotto lässt sich je nach Saison variieren: Im Frühjahr kann man die Erbsen durch grünen Spargel ersetzen und dann statt Minze Zitronenmelisse verwenden, im Herbst eignet sich Kürbis in Kombination mit Lavendel!«

Meine
FISCH- UND MEERES- FRÜCHTE-
Rezepte

Mit Koriander und Zitronengras

GEBEIZTER LACHS »ASIA-STYLE«

Für den gebeizten Lachs:

1 Lachsfilet mit Haut (ca. 1 kg)
20 g frischer Ingwer
2 rote Chilischoten
3 Stangen Zitronengras
1 EL brauner Zucker
3 EL grobes Salz
3–4 Bund Koriandergrün
2 EL Wasabi

Für die Sesam-Mayonnaise:

2 Eigelbe
Saft von 1 Limette
2 EL helle Sojasauce
200 ml Sesamöl
Salz · Cayennepfeffer
1 Prise Zucker

Außerdem:

½ Rettich
2–3 EL Reisessig
2–3 EL gerösteter Sesam
Japankresse zum Bestreuen

Für 4–6 Personen
Beizen 3 Tage
Zubereitungszeit ca. 45 Min.

1. Das Lachsfilet trocken tupfen und ggf. Gräten entfernen. Den Ingwer schälen und sehr fein würfeln. Die Chilischoten waschen, die Stielenden entfernen und die Schoten in feine Ringe schneiden, dabei nach Belieben die Kerne entfernen. Das Zitronengras putzen und in sehr feine Ringe schneiden.

2. Die Chili- und Zitronengrasringe mit dem Ingwer, dem braunen Zucker und dem Salz mischen. Die Mischung in einem Mixer fein hacken. Die Hälfte vom Koriander waschen, gut trocken schütteln, die Blättchen von den Stielen zupfen und hacken.

3. Das Lachsfilet mit der Hautseite nach unten auf ein Backblech legen. Die Zitronengras-Chili-Mischung darauf verteilen und die Hälfte des gehackten Korianders daraufstreuen. Das Lachsfilet mit Frischhaltefolie abdecken, mit einem Brett und zwei Gewichten (z. B. Konserven) beschweren und für 3 Tage zum Beizen in den Kühlschrank stellen. Täglich mit dem ausgetretenen Saft beträufeln.

4. Für die Sesam-Mayonnaise die Eigelbe mit dem Limettensaft und der Sojasauce verrühren. Die Hälfte des Sesamöls tröpfchenweise dazugeben und kräftig unterschlagen. Das restliche Öl in einem dünnem Strahl dazugeben und alles dickcremig aufschlagen. Die Mayonnaise mit Salz, Cayennepfeffer und Zucker abschmecken.

5. Den Rettich schälen, in dünne Scheiben hobeln, diese in feine Streifen schneiden und mit dem Reisessig marinieren. Vom fertig gebeizten Lachs die Kräuter und Gewürze mit einer Palette oder Teigkarte gründlich abschaben. Das Lachsfilet mit dem Wasabi bestreichen. Den restlichen Koriander waschen, abzupfen, hacken, auf den Lachs streuen und leicht andrücken.

6. Zum Anrichten das Lachsfilet mit einem Lachsmesser oder einem anderen scharfen Messer schräg in dünnen Scheiben von der Haut schneiden. Die Scheiben portionsweise mit etwas Rettich und Sesam-Mayonnaise anrichten. Mit geröstetem Sesam und Japankresse bestreut servieren.

Mit gemischten Kräutern

KONFIERTER WOLFSBARSCH MIT FENCHEL UND ORANGENSAUCE

Zutaten:

2 Bio-Orangen
4 Knoblauchzehen
ca. 800 ml Olivenöl
5–6 Zweige Thymian
3–4 Zweige Rosmarin
3–4 Zweige Bronzefenchel
600 g Wolfsbarschfilet (mit Haut)
2 Fenchelknollen
50 g Butter
3 Lorbeerblätter
Salz · frisch gemahlener Pfeffer
200 ml Orangensaft
Meersalz

Für 4 Portionen
Zubereitungszeit ca. 1 Std.

1. Eine Orange heiß waschen, trocken reiben und mit einem Messer die Schale hauchdünn abschälen, sodass keine weiße Schalenhaut daran hängt. Anschließend beide Orangen genauso schälen und die einzelnen Fruchtfilets herauslösen.

2. Die Knoblauchzehen mit der Schale halbieren. Den Thymian, den Rosmarin und den Bronzefenchel waschen und trocken schütteln. Die Bio-Orangenschale mit dem Olivenöl, dem Thymian, dem Rosmarin, dem Bronzefenchel und dem Knoblauch in einem Topf geben und auf etwa 60 °C erhitzen.

3. Das Wolfsbarschfilet waschen, trocken tupfen, ggf. von Gräten befreien und in 8 gleich große Stücke teilen. Die Fischfiletstücke in das aromatisierte Olivenöl legen und darin bei mittlerer Hitze in etwa 15 Minuten behutsam konfieren.

4. Inzwischen die Gemüsefenchel waschen, halbieren, den Strunk keilförmig herausschneiden und die Hälften in dünne Scheiben schneiden. Die Butter zerlassen, die Fenchelscheiben und die Lorbeerblätter hineingeben und darin anbraten. Mit Salz und Pfeffer würzen, mit dem Orangensaft ablöschen und zugedeckt bei schwacher Hitze in etwa 8 Minuten bissfest garen.

5. Den Fenchel mit einem Schaumlöffel aus dem Orangensud heben und mit den gegarten Fischstücken anrichten. Vom Pochieröl des Wolfsbarschs etwa 100 ml abnehmen und unter den Orangensud mixen, sodass die Sauce eine sämige Bindung bekommt. Die Orangenfilets untermischen. Die Sauce abschmecken und über den Fisch und das Gemüse verteilen. Die Wolfsbarschstücke mit Meersalz würzen und mit Pfeffer übermahlen.

Mit Minze und Petersilie

GEBACKENE JAKOBSMUSCHELN

Für das Kürbis-Orangen-Chutney:
250 g Muskat-Kürbis
1 kleine rote Chilischote
2 Saftorangen
1 rote Zwiebel
20 g frischer Ingwer
2 EL Olivenöl
50 ml Weißweinessig
75 g Gelierzucker (3:1)
Salz · frisch gemahlener Pfeffer
2–3 Zweige Minze

Für die gebackenen Jakobsmuscheln:
1 Bund glatte Petersilie
3 Scheiben Toastbrot
4–6 Jakobsmuscheln (küchenfertig)
Salz · frisch gemahlener Pfeffer
Mehl zum Wenden · 1 Ei
ca. 300 ml Öl zum Frittieren
Petersilien- oder Zitronenmelisse-
blätter zum Garnieren

Für 4–6 Portionen
Zubereitungszeit ca. 45 Min.

1. Für das Kürbis-Orangen-Chutney den Kürbis schälen und das Fruchtfleisch in kleine Würfel schneiden. Die Chili waschen, halbieren, entkernen und sehr fein würfeln. Die Orangen schälen, sodass auch die weiße Schalenhaut mitentfernt wird. Die geschälten Orangen in kleine Würfel schneiden.

2. Die Zwiebel und den Ingwer schälen, beides fein würfeln und mit den Chilistücken in heißem Olivenöl andünsten. Mit dem Essig ablöschen, den Gelierzucker sowie die Orangen- und Kürbiswürfel untermischen und das Ganze bei mittlerer Hitze einkochen, bis fast alle Flüssigkeit verdampft ist. Das Chutney mit Salz und Pfeffer abschmecken und abkühlen lassen.

3. Für die gebackenen Jakobsmuscheln die Petersilie waschen, trocken schütteln und die Blättchen von den Stielen zupfen. Das Toastbrot würfeln und mit der Petersilie im Mixer fein mahlen. Die Jakobsmuscheln waschen, trocken tupfen und mit Salz und Pfeffer würzen. In Mehl wenden, durch das verquirlte Ei ziehen und in den Petersilienbröseln panieren.

4. Das Öl in einem schmalen Topf erhitzen. Die panierten Jakobsmuscheln im heißen Öl in etwa 1 Minute goldbraun frittieren. Mit einem Schaumlöffel herausnehmen und kurz auf Küchenpapier abtropfen lassen. Das Chutney fertigstellen: Die Minze waschen, die Blättchen von den Stielen zupfen, fein hacken und unter das Chutney mischen. Zum Servieren die Jakobsmuscheln halbieren, auf einen Holzspieß stecken und auf etwas Chutney anrichten. Nach Belieben mit Kräutern garnieren.

»Das Gericht lässt sich besonders hübsch anrichten, wenn man die Muschelschalen gründlich säubert und dann als Tellerersatz verwendet. «

Mit mediterranen Kräutern

THUNFISCH MIT BASILIKUM-TEMPURA

Für das Paprikagemüse:

2 kleine rote Paprikaschoten
2 kleine gelbe Paprikaschoten
6 EL Olivenöl
3–4 Strauchtomaten
2 Schalotten
2 Knoblauchzehen
1–2 EL Aceto balsamico bianco

Für den Thunfisch:

4–5 Zweige Zitronenthymian
2 Zweige Rosmarin
1 Knoblauchzehe
2 EL Sojasauce
4–5 EL Olivenöl
4 Thunfischsteaks (à 150 g)

Für das Basilikum-Tempura:

5–6 Stängel Basilikum
150 ml Weißwein
50 g Weizenmehl (Type 405)
50 g Reismehl · Salz
¼ l Sonnenblumenöl zum Frittieren
Mehl zum Wenden

Für 4 Portionen
Zubereitungszeit ca. 1 Std. 15 Min.

1. Für das Paprikagemüse den Ofen auf 200 °C (Ober-/Unterhitze) vorheizen. Die Paprikaschoten waschen, halbieren und putzen. Die Hälften mit 3 EL Öl einpinseln, mit der Hautseite nach oben auf ein Blech legen und im heißen Ofen 20 Minuten garen. Herausnehmen, die Haut abziehen und das Fruchtfleisch in Würfel schneiden.

2. Die Tomaten für 30 Sekunden in kochendes Wasser legen, kalt abschrecken und die Haut abziehen. Die Früchte vierteln, entkernen und würfeln. Die Schalotten und den Knoblauch schälen, fein hacken und mit den Tomatenwürfeln im restlichen Öl andünsten. Mit dem Essig ablöschen, die Paprikastücke untermischen, das Gemüse mit Salz und Pfeffer würzen und beiseite stellen.

3. Für den Thunfisch den Zitronenthymian und den Rosmarin waschen, trocken schütteln, die Blättchen von den Stielen zupfen und fein hacken. Den Knoblauch abziehen und ebenfalls fein hacken. Die Kräuter und den Knoblauch mit der Sojasauce und dem Öl verquirlen. Die Thunfischsteaks waschen, trocken tupfen, rundherum mit der Marinade bestreichen und 30 Minuten marinieren lassen.

4. Für das Tempura das Basilikum waschen, trocken schütteln und die Blättchen von den Stielen zupfen. Die Hälfte der Basilikumblätter grob hacken, mit dem Wein in einen hohen Becher geben und mit einem Pürierstab sehr fein mixen. Das Mehl mit dem Reismehl und Salz mischen, die Basilikum-Wein-Mischung hinzufügen und alles zu einem glatten Teig mixen. Das Öl zum Frittieren erhitzen.

5. Die restlichen Basilikumblätter in Mehl wenden, durch den Teig ziehen und diesen etwas abstreifen. Die Blätter im heißen Öl in etwa 30 Sekunden knusprig ausbacken, mit dem Schaumlöffel herausnehmen und auf Küchenpapier abtropfen lassen. Die Thunfischsteaks auf einem Grill oder in einer Grillpfanne auf jeder Seite 2 Minuten garen (sie sollten in der Mitte noch roh sein). Zum Servieren in etwa 2 cm breite Streifen schneiden, mit Salz und Pfeffer würzen und auf dem Gemüse anrichten. Mit dem Basilikumtempura garnieren.

Mit Brunnenkresse, Rosmarin und Schnittlauch

GERÄUCHERTER SAIBLING
AUF APFEL-ROSMARIN-CREME

Für die Apfel-Rosmarin-Creme:

1 Zitrone
3 Äpfel (z.B. Elstar)
100 ml Apfelwein
1 Zweig Rosmarin
50 g Butter

Für den geräucherten Saibling:

4 Saiblingsfilets,
ohne Haut (à ca. 80 g)
Salz · frisch gemahlener Pfeffer
ca. 50 g Räuchermehl
1 Bund Schnittlauch
1 Bund Brunnenkresse
100 ml eiskaltes Sonnenblumenöl

Außerdem:

Butter zum Fetten
Brunnenkresse und Schnittlauch
zum Garnieren

Für 4 Portionen
Zubereitungszeit ca. 45 Min.

1. Für die Apfel-Rosmarin-Creme die Zitrone halbieren und auspressen. Die Äpfel schälen, entkernen und grob würfeln. Die Apfelstücke mit dem Wein und etwas Zitronensaft in einen Topf geben und offen bei mittlerer Hitze in etwa 15 Minuten weich dünsten, dabei gelegentlich umrühren.

2. Den Rosmarin waschen, trocken schütteln, die Nadeln von den Stielen zupfen und fein hacken. Die Butter aufschäumen lassen, den Rosmarin hineingeben, kurz ziehen lassen und dann durch ein Sieb zu den weich gedünsteten Äpfeln geben. Alles mit einem Mixstab feincremig pürieren und anschließend zugedeckt kühl stellen.

3. Für den geräucherten Saibling die Saiblingsfilets waschen und trocken tupfen, danach einzeln aufrollen und mit je einem Zahnstocher fixieren. Die Röllchen mit Salz und Pfeffer würzen und nebeneinander auf einen gebutterten Dämpfeinsatz setzen.

4. Das Räuchermehl gleichmäßig in einen Bräter oder breiten Topf verteilen, sodass der Boden bedeckt ist. Den Bräter bzw. Topf auf den heißen Herd stellen, die Späne entzünden und zum Rauchen bringen. Den Dämpfeinsatz auf die rauchenden Späne setzen, mit einem passenden Deckel verschließen und die Saiblingsröllchen langsam 15 bis 20 Minuten im Rauch garen (am besten im Freien).

5. Inzwischen den Schnittlauch und die Brunnenkresse waschen, trocken schleudern, klein schneiden und zusammen mit dem Öl in einen hohen Becher geben. Mit einem Pürierstab fein mixen und das Kräuteröl mit etwas Zitronensaft und Salz abschmecken.

6. Die Apfel-Rosmarin-Creme auf Teller verteilen. Je ein noch warmes, geräuchertes Saiblingsfilets daraufsetzen, etwas Kräuteröl darüberträufeln und alles nach Belieben mit etwas Brunnenkresse und Schnittlauch garniert servieren.

»Meeresfrüchte wie Garnelen harmonieren
perfekt mit der fruchtigen Süße von Mango.
Die feine Schärfe durch Currypaste,
Chili und Zitronengras macht
das Wokgericht erfrischend leicht!«

Mit Koriander und Zitronengras

GARNELEN-CURRY MIT MANGO

Zutaten:

16–20 Riesengarnelen
1 feste Mango
1 kleine rote Chilischote
2–3 Stangen Zitronengras
1–2 Knoblauchzehen
2 EL Sesamöl
2 TL rote Currypaste
150 ml Fischfond
250 ml Kokosmilch
2 EL Sojasauce
2 EL Fischsauce
Salz · Zucker
1–2 TL Speisestärke (nach Belieben)
Korianderblätter zum Bestreuen

Für 4 Portionen
Zubereitungszeit ca. 35 Min.

1. Die Riesengarnelen waschen, trocken tupfen, schälen, jeweils am Rücken längs einschneiden und die Därme entfernen. Die Mango schälen, das Fruchtfleisch vom Stein schneiden und in mundgerechte Stücke teilen. Die Chili waschen, halbieren, entkernen und in feine Streifen schneiden. Das Zitronengras putzen, waschen und in sehr feine Ringe schneiden. Den Knoblauch abziehen und fein hacken.

2. Das Sesamöl im Wok erhitzen. Die Chili-, Zitronengras- und Knoblauchstücke darin etwa 30 Sekunden anbraten. Die Currypaste hinzufügen und kurz mitrösten, mit Fischfond und Kokosmilch ablöschen und alles 1 bis 2 Minuten zugedeckt köcheln lassen.

3. Die vorbereiteten Garnelenschwänze und die Mangostücke in die Sauce geben und das Curry bei schwacher Hitze noch weitere 5 Minuten leise köcheln lassen. Mit Soja- und Fischsauce sowie mit Salz und Zucker abschmecken. Nach Belieben mit der in kaltem Wasser angerührten Speisestärke binden. Zum Servieren das Curry mit Korianderblättern bestreuen. Dazu passt gedämpfter Basmatireis.

Mit gemischten Kräutern

GEFÜLLTE TINTENFISCHE

Für die Tintenfische:

8 mittelgroße Tintenfische (à 80 g)
Salz · 1 Bund glatte Petersilie
2 Stängel Basilikum
1–2 Stängel Minze
2 Knoblauchzehen
80 g Walnusskerne
150 g Fetakäse
abgeriebene Schale von
½ Bio-Zitrone
frisch gemahlener Pfeffer
Olivenöl zum Bestreichen

Für die Ratatouille-Vinaigrette:

2 rote Paprikaschoten
¼ l Gemüsebrühe
½ TL Speisestärke
½ gelbe Paprikaschote
1 rote Zwiebel
1 kleiner Zucchino
½ Aubergine
6–7 EL Olivenöl
1 EL Aceto balsamico bianco

Außerdem:

50 g Rucola zum Anrichten

Für 4 Portionen
Zubereitungszeit ca. 1 Std.

1. Von den Tintenfischen die feine Haut abziehen, die Köpfe, die Tintenbeutel und Fischbeine entfernen. Die Tintenfische gründlich unter fließendem Wasser waschen und kurz abtropfen lassen. Anschließend die Tintenfischtuben in leicht köchelndem Salzwasser etwa 15 Minuten garen, abgießen und etwas auskühlen lassen.

2. Für die Kräuterfüllung die Petersilie, das Basilikum und die Minze waschen und gut trocken schütteln. Den Knoblauch abziehen und zusammen mit den Kräutern und den Walnüssen fein hacken. Den Feta fein zerkrümeln. Die Kräuter mit dem Knoblauch, den Walnüssen, dem Feta und der Zitronenschale verrühren und die Füllung mit Salz und Pfeffer abschmecken. Die Füllmasse in die Tintenfischtuben spritzen (Step 1) und diese verschließen (Step 2).

3. Für die Ratatouille-Vinaigrette die roten Paprikaschoten waschen, halbieren und entkernen. Zwei Drittel davon in grobe Stücke teilen und mit der Brühe fein pürieren. Den Paprikasaft durch ein feines Sieb in einen Topf geben und die Flüssigkeit auf 100 ml einkochen lassen, dabei gelegentlich umrühren. Die Stärke mit wenig kaltem Wasser anrühren und die Paprikareduktion damit leicht binden.

4. Die gelbe Paprikaschote waschen, schälen, entkernen und mit der restlichen roten Paprika klein würfeln. Die Zwiebel schälen und fein hacken. Den Zucchino und die Aubergine waschen und beides in etwa 5 mm große Würfel schneiden. Alles in 3 EL heißem Olivenöl 2 bis 3 Minuten anbraten. Mit dem Essig ablöschen und mit der gebundenen Paprikareduktion aufgießen. In eine Schüssel umfüllen, das restliche Olivenöl unterrühren und die Vinaigrette mit Salz und Cayennepfeffer abschmecken.

5. Den Grill anheizen. Die gefüllten Tintenfischtuben mit etwas Olivenöl bepinseln und auf dem Grillrost bei mittlerer Hitze etwa 10 Minuten garen, dabei mehrmals wenden und immer wieder mit Öl bestreichen. Nach dem Garen mit Salz und Pfeffer würzen. Zum Servieren die gefüllten Tintenfische halbieren und auf der Ratatouille-Vinaigrette anrichten. Mit Rucola bestreut servieren.

Tintenfische füllen

1. Die Kräuterfüllung mithilfe eines Spritzbeutels mit mittelgroßer Loch-tülle in die vorbereiteten Tintenfisch-tuben spritzen.

2. Die gefüllten Tintenfischtuben mit jeweils einem Zahnstochern zustecken, sodass die Füllmasse beim Garen nicht herausquellen kann.

Mit Basilikum, Rosmarin und Zitronenthymian

DORADEN IM KRÄUTER-SALZMANTEL

Für die Doraden:

2 Doraden (à 800 g)
frisch gemahlener Pfeffer
3 Bio-Zitronen
1 Bund Basilikum
6 Zweige Zitronenthymian
6 Zweige Rosmarin
6 Knoblauchzehen
2 kg grobkörniges Meersalz
3–4 Eiweiße

Für den gemischten Salat:

80 g Rucola
12–16 rote Kirschtomaten
½ Bio-Salatgurke
2 EL Aceto balsamico bianco
Salz · frisch gemahlener Pfeffer
1 Prise Zucker
1 Msp. mittelscharfer Senf
3–4 EL Olivenöl

Für 4 Portionen
Zubereitungszeit ca. 50 Min.

1. Die Doraden innen und außen waschen, trocken tupfen und mit Pfeffer würzen. Die Zitronen heiß waschen, trocken reiben und in dünne Scheiben schneiden. Das Basilikum, den Zitronenthymian und den Rosmarin waschen und trocken schütteln. Den Rosmarin samt Stielen fein hacken. Den Knoblauch in der Schale leicht andrücken. Den Backofen auf 200 °C (Ober-/Unterhitze) vorheizen.

2. Das Meersalz mit den Eiweißen und dem Rosmarin vermischen. Je ein Viertel der Mischung in zwei ovale Gratinformen geben (oder auf ein Backblech mit Backpapier) und je 1 Dorade darauflegen. Die Zitronenscheiben, den Knoblauch und die übrigen Kräuter dazugeben (Step 1). Das Ganze mit je einem weiteren Viertel der Meersalz-Rosmarin-Mischung ummanteln (Step 2). Die Gratinformen (oder das Blech) in den heißen Ofen schieben (mittlere Schiene) und die Fische darin etwa 25 Minuten Schiene garen.

3. Inzwischen den Salat zubereiten: Den Rucola verlesen, waschen und trocken schleudern. Die Tomaten waschen und halbieren. Die Gurke waschen und in Scheiben hobeln. Die Tomaten, Gurken und den Rucola in eine Schüssel geben. Aus Essig, Salz, Pfeffer, Zucker, Senf und Öl eine Vinaigrette rühren und den Salat damit marinieren.

4. Die Gratinformen (oder das Blech) mit den gegarten Fischen aus dem Ofen nehmen und die Salzkruste mit dem Rücken eines großen Küchenmessers aufklopfen. Vorsichtig die Haut vom Fisch lösen. Das Fischfleisch mit einer Palette von den Gräten heben und auf dem Salat anrichten. Sofort servieren. Dazu schmecken am besten frisches Baguette und ein leichter Weißwein.

Salzmantel herstellen

1. Die Zitronenscheiben, den Knoblauch, das Basilikum und den Zitronenthymian in und auf den gewürzten Doraden verteilen.

2. Die mit Kräutern und Zitronenscheiben gefüllten und bedeckten Doraden mit der restlichen Meersalz-Rosmarin-Mischung ummanteln.

Mit Petersilie, Rosmarin, Zitronenthymian

ROTBARBEN AUF SPARGEL-FETTUCCINE

Zutaten:

1 Bund glatte Petersilie
4 Rotbarben, ausgenommen und
geschuppt (à ca. 180 g)
1 Zitrone
Salz · frisch gemahlener Pfeffer
400 g grüner Spargel
50 g Parmesan
3 Knoblauchzehen
250 g Fettuccine
4–6 EL Olivenöl
3–4 Zweige Rosmarin
3–4 Zweige Zitronenthymian
100 g Butter
1 Prise Zucker

Für 4 Portionen
Zubereitungszeit ca. 40 Min.

1. Die Petersilie waschen, trocken schleudern, die Blättchen von den Stielen zupfen und fein hacken. Die Rotbarben innen und außen gründlich waschen und trocken tupfen. Die Zitrone halbieren und den Saft auspressen. Die Rotbarben innen und außen mit Salz, Pfeffer und etwas Zitronensaft würzen.

2. Vom grünen Spargel die holzigen Enden abschneiden und die Stielenden schälen. Die Stangen auf einem Gemüsehobel der Länge nach in Streifen hobeln. Den Parmesan fein reiben. Den Knoblauch in der Schale leicht andrücken. Die Fettuccine in reichlich kochendem Salzwasser bissfest garen.

3. In einer breiten beschichteten Pfanne 2 bis 3 EL Olivenöl erhitzen. Die Rotbarben mit dem angedrücktem Knoblauch, dem Rosmarin und dem Zitronenthymian bei mittlerer Hitze auf jeder Seite etwa 3 Minuten braten. Die Butter und die gehackte Petersilie hinzufügen und die Fische weitere 2 bis 3 Minuten garen, dabei immer wieder mit der aufschäumenden Petersilienbutter übergießen.

4. In einer zweiten breiten Pfanne weitere 2 bis 3 EL Olivenöl erhitzen, die Spargelstreifen darin etwa 2 Minuten braten und mit Salz, Pfeffer und Zucker würzen. Die bissfest gegarten Nudeln abgießen, kurz abtropfen lassen, mit dem Parmesan zu den Spargelstreifen geben und untermischen. Zum Servieren die Fische auf den Spargel-Fettuccine anrichten und mit der Kräuterbutter aus der Pfanne beträufeln.

Meine
FLEISCH-, GEFLÜGEL- UND WILD-
Rezepte

Mit gemischten Kräutern

HÄHNCHENBRUST MIT KRÄUTERFÜLLUNG

Für die gefüllte Hähnchenbrust:

1 Knoblauchzehe
4 Stängel Basilikum
3–4 Stängel glatte Petersilie
75 ml Olivenöl
¼ l Geflügelbrühe
75 g Maisgrieß (Instant-Polenta)
40 g Parmesan
Salz · frisch gemahlener Pfeffer
4 Maishähnchenbrüste (à 200 g)
50 g Butterschmalz
3–4 Zweige Thymian
3–4 Zweige Rosmarin

Für das Paprika-Ragout:

2 rote Paprikaschoten
2 gelbe Paprikaschoten
3 EL Olivenöl
Salz · Cayennepfeffer
100 g Ajvar-Paprikapüree (Glas)
150 ml kräftige Geflügelbrühe
100 g Sahne (mind. 30 % Fett)

Für 4 Portionen
Zubereitungszeit ca. 1 Std. 10 Min.

1. Für die gefüllte Hähnchenbrust den Knoblauch abziehen und hacken. Das Basilikum und die Petersilie waschen und gut trocken schütteln. Die Blättchen von den Stielen zupfen und mit Olivenöl und dem Knoblauch im Mixer fein pürieren.

2. Die Geflügelbrühe aufkochen, den Maisgrieß hineinstreuen und unter gelegentlichem Umrühren in etwa 5 Minuten ausquellen lassen. Den Parmesan fein reiben und mit dem Kräuterpüree unter die Polenta rühren. Die Polenta abschmecken und in einen Spritzbeutel (Einwegbeutel oder Spritzbeutel mit mittlerer Lochtülle) füllen.

3. Den Backofen auf 150 °C (Ober-/Unterhitze) vorheizen. Die Maishähnchenbrüste waschen, gut trocken tupfen und in jedes eine Tasche hineinschneiden (Step 1). Die Kräuter-Polenta in die Taschen spritzen und diese verschließen (Step 2).

4. Das Butterschmalz in einer ofenfesten Pfanne erhitzen. Die gefüllten Hähnchenbrüste zusammen mit dem Thymian und dem Rosmarin im heißem Butterschmalz auf jeder Seite 2 Minuten anbraten. Mit Salz und Pfeffer würzen, in den heißen Backofen geben (mittlere Schiene) und in etwa 20 Minuten fertig garen.

5. Inzwischen für das Paprika-Ragout die Paprikaschoten waschen, halbieren und die Stielansätze und die Kerne entfernen. Die Hälften in mundgerechte Stücke schneiden. Das Olivenöl erhitzen und die Paprikastücke darin etwa 8 Minuten zugedeckt dünsten, gelegentlich umrühren und kräftig mit Salz und Cayennepfeffer würzen.

6. Das Ajvar mit der Geflügelbrühe und der Sahne mischen und aufkochen. Die Sauce mit Salz und Cayennepfeffer abschmecken und mit dem Pürierstab fein mixen. Die Sauce auf vorgewärmten Tellern verteilen und die gedünsteten Paprika daraufgeben. Die Hähnchenbrüste aus dem Ofen nehmen, die Zahnstocher entfernen, die Brüste halbieren und auf dem Paprika-Ragout anrichten.

Hähnchenbrust füllen

1. Die Maishähnchenbrüste mit Küchenpapier sehr gut trocken tupfen. Mit einem spitzen Messer jeweils seitlich eine Tasche hineinschneiden.

2. Die Kräuter-Polenta mithilfe eines Spritzbeutels in die Taschen spritzen. Die gefüllten Hähnchenbrüste mit je zwei Zahnstochern zustecken.

Mit Beifuß und Majoran

ENTEN-GRÖSTL

Zutaten:

600 g kleine festkochende Kartoffeln
8–12 Rosenkohl-Röschen
1 Zwiebel
500 g übrig gebliebenes Fleisch
vom Entenbraten
3 Stängel Majoran
3 Stängel Beifuß
2 kleine Äpfel
50 g Butterschmalz
Salz · frisch gemahlener Pfeffer
50 g Butter

Für 4 Portionen
Zubereitungszeit ca. 50 Min.

1. Die Kartoffeln waschen und mit der Schale in kochendem Salzwasser zugedeckt etwa 15 Minuten vorgaren. Anschließend abgießen, pellen und auskühlen lassen.

2. Inzwischen den Rosenkohl waschen, putzen, die Röschen halbieren und in kochendem Salzwasser in etwa 6 Minuten bissfest garen. Die Röschen abgießen, abschrecken, etwas abtropfen lassen und anschließend trocken tupfen.

3. Die Zwiebel schälen und in feine Würfel schneiden. Das Entenfleisch in mundgerechte Stücke zupfen oder schneiden. Den Majoran und den Beifuß waschen, trocken schütteln, die Blättchen von den Stielen zupfen und hacken.

4. Die Äpfel waschen, vierteln, die Kerngehäuse entfernen und das Fruchtfleisch in schmale Spalten teilen. Die Kartoffeln in dünne Scheiben schneiden. Das Butterschmalz in einer breiten Pfanne erhitzen, die Kartoffelscheiben hineingeben und unter regelmäßigem Wenden in etwa 8 Minuten goldbraun braten.

5. Die Zwiebeln, das Entenfleisch, den Rosenkohl und die Apfelspalten dazugeben und alles weitere 6 bis 8 Minuten braten. Mit Salz und Pfeffer würzen. Die Butter und die gehackten Kräuter unterschwenken und das Gröstl servieren.

»Ursprünglich war ein Gröstl immer ein Reste- oder Arme-Leute-Essen. Bei solch leckeren Varianten wie meinem Enten-Gröstl mit Kräutern denkt heute jedoch niemand mehr an das alte Image!«

Mit Minze und Rosmarin

ROSMARIN-PUTEN-SCHASCHLIK

Für die Schaschlik:
8 Zweige Rosmarin (je 15 cm lang)
1 Knoblauchzehe · Salz
6 EL Olivenöl
1 TL Paprikapulver, edelsüß
800 g Putenbrust
1 rote Paprikaschote
1 gelbe Paprikaschote
2 rote Zwiebeln
frisch gemahlener Pfeffer
100 ml kräftige Geflügelbrühe

Für den Couscous-Gurken-Salat:
200 g Couscous
Salz
1 Salatgurke
150 g Fetakäse
2 Stängel Minze
2 Schalotten
2 Knoblauchzehen
6 EL Olivenöl
3 EL Aceto balsamico bianco
frisch gemahlener Pfeffer

Für 4 Portionen
Zubereitungszeit ca. 1 Std. 30 Min.

1. Den Rosmarin waschen, trocken schütteln und jeweils die unteren zwei Drittel der Blättchen abzupfen und möglichst fein hacken. Den Knoblauch abziehen und mit etwas Salz fein zerreiben. Den gehackten Rosmarin mit 4 EL Olivenöl, dem fein zerriebenen Knoblauch und dem Paprikapulver vermischen.

2. Die Putenbrust waschen, trocken tupfen und in etwa 3 cm große Würfel schneiden. Die Paprikaschoten waschen, halbieren, entkernen und ebenfalls in etwa 3 cm große Stücke schneiden. Die Zwiebeln schälen, vierteln und die Viertel in einzelne Blätter zerlegen. Alles in einer großen Schüssel mit der Rosmarin-Öl-Marinade vermischen und zugedeckt 30 Minuten ziehen lassen. Den Backofen auf 150 C° (Ober-/Unterhitze) vorheizen.

3. Die Paprikastücke abwechselnd mit den Zwiebelblättern und den Putenfleischwürfeln auf die Rosmarinspieße stecken. Das restliche Öl erhitzen und die Spieße darin in etwa 6 Minuten kräftig anbraten. Mit Salz und Pfeffer würzen und auf ein Backblech legen. Den Bratansatz in der Pfanne mit der Brühe ablöschen und mit der übrigen Rosmarin-Marinade über die Spieße auf dem Blech gießen. Die Schaschlikspieße im heißen Ofen in 15 bis 20 Minuten fertiggaren.

4. Für den Couscous-Gurken-Salat 300 ml gesalzenes Wasser aufkochen, über den Couscous gießen und diesen 5 Minuten quellen lassen. Inzwischen die Salatgurke schälen, der Länge nach vierteln, die Kerne herausschaben und das Fruchtfleisch klein würfeln. Den Fetakäse zerbröckeln. Die Minze waschen, trocken schütteln, die Blättchen von den Stielen zupfen und grob hacken.

5. Die Schalotten und den Knoblauch schälen, beides fein hacken und in 2 EL heißem Olivenöl etwa 1 Minute andünsten. Mit dem Essig ablöschen und 1 Minute einkochen lassen. Das Ganze mit dem restlichen Olivenöl, den Gurkenwürfeln, dem Fetakäse und der Minze zum gequollenen Couscous geben und untermischen. Den Salat mit Salz und Pfeffer abschmecken und zu den Spießen servieren.

Mit gemischten Kräutern

SALTIMBOCCA MIT KRÄUTER-POLENTA

Zutaten:

3–4 Stängel glatte Petersilie
3–4 Stängel Salbei
3–4 Zweige Thymian
3–4 Zweige Oregano
¼ l Milch
½ l Geflügelbrühe
Salz · frisch gemahlener Pfeffer
frisch geriebene Muskatnuss
150 g Instant-Polentagrieß
50 g frisch geriebener Parmesan
3 Fleischtomaten
ca. 700 g Schweinefilet, ohne
Haut und Sehnen
4 Scheiben Parmaschinken
4 EL Olivenöl
1 TL Zucker
12 Salbeiblätter
50 g Butter
100 ml Kalbsfond
2–3 EL Aceto balsamico

Für 4 Portionen
Zubereitungszeit ca. 3 Std.

1. Die Kräuter waschen, trocken schütteln, die Blättchen von den Stielen zupfen und fein hacken. Die Milch mit der Brühe mischen, aufkochen und mit Salz, Pfeffer und Muskat würzen. Den Polentagrieß in die kochende Flüssigkeit einrühren und unter Rühren 4 Minuten kochen lassen. Den Parmesan und die Kräuter unter den Brei mischen. Ein tiefes Blech (ca. 20 x 30 cm) mit Backpapier auslegen und die kochendheiße Polenta daraufgießen. Mit einer in Wasser getauchten Palette glatt streichen und für 2 Stunden kühl stellen.

2. Inzwischen die Tomaten waschen, die Stielansätze entfernen und die Früchte in etwa 1 cm dicke Scheiben schneiden. Das Schweinefilet ebenfalls in etwa 1 cm dicke Scheiben schneiden und diese etwas flach drücken. Die Schinkenscheiben in einer beschichteten Pfanne ohne Fett knusprig braten und auf Küchenpapier entfetten. Den Backofen auf 100 °C (Ober-/Unterhitze) vorheizen.

3. Aus der Polenta 12 Kreise (6 cm Durchmesser) ausstechen und diese in 2 EL heißem Olivenöl in einer beschichteten Pfanne auf beiden Seiten goldbraun braten. Im heißen Backofen warm halten. Die Tomatenscheiben in der Pfanne in 2 EL heißem Olivenöl auf jeder Seite etwa 30 Sekunden anbraten. Mit etwas Zucker bestreuen und die Scheiben karamellisieren. Die Tomaten mit Salz und Pfeffer würzen, aus der Pfanne nehmen und ebenfalls warm halten.

4. Die Schweinefiletscheiben mit Salz und Pfeffer würzen und zusammen mit den Salbeiblättern in zerlassener Butter auf jeder Seite etwa 1 Minute braten. Herausnehmen, den Bratansatz mit dem Kalbsfond und dem Essig ablöschen und etwas einkochen lassen. Das Fleisch zurück in die Sauce geben und darin schwenken.

5. Die erkalteten Parmaschinkenscheiben in 12 Stücke brechen. Zum Anrichten in die Tellermitte je 1 gebraten Polentascheibe legen. Darauf abwechselnd Schnitzelchen mit gebratenen Salbeiblättern, knusprigem Parmaschinken, Tomatenscheiben und Polentascheiben schichten. Die Türmchen mit Bratenfond beträufeln und servieren.

Mit gemischten Kräutern

GEKRÄUTERTES RINDERCARPACCIO

Zutaten:

75 g gemischte Kräuter (z.B. Petersilie, Kerbel, Estragon, Oregano, Bärlauch, Schnittlauch)
500 g Rinderfilet, ohne Haut und Sehnen
1 Schalotte
4 EL mildes Olivenöl
2 EL Weißweinessig
75 ml Rinderbrühe
1 EL Honig
1 TL Speisestärke
Salz · frisch gemahlener Pfeffer
2 Möhren
1 grüner Zucchino
1 gelber Zucchino
1 dünne Stange Lauch
100 g Linguini
Zesten von ½ Bio-Zitrone
30 g Parmesan
frische Kräuter zum Garnieren

Für 4 Portionen
Zubereitungszeit: ca. 2 Std. 35 Min.

1. Die Kräuter waschen, trocken schütteln, die Blättchen von den Stielen zupfen und fein hacken. Das Rinderfilet rundherum in den Kräutern wälzen und diese an das Fleisch drücken. Die übrig gebliebenen Kräuter beiseite stellen. Das Filet straff in Frischhaltefolie wickeln und für etwa 2 Stunden in das Gefrierfach legen.

2. Inzwischen die Schalotte schälen, fein würfeln und in 1 EL Öl andünsten. Mit dem Essig ablöschen, die Brühe und den Honig dazugeben und das Ganze etwas einkochen lassen. Die Stärke mit wenig kaltem Wasser anrühren und die Sauce damit binden. Die beiseite gestellten Kräuter und 2 EL Öl zur Sauce geben, mit einem Pürierstab untermixen und mit Salz und Pfeffer abschmecken.

3. Die Möhren schälen, die Zucchini waschen. Beide Gemüse auf einem Gemüsehobel in längliche Streifen schneiden. Den Lauch längs halbieren, waschen und der Länge nach in dünne Streifen schneiden. Die Linguini in reichlich kochendem Salzwasser bissfest garen. Die Gemüsestreifen in 1 EL Öl etwa 2 Minuten andünsten. Die Nudeln abgießen, mit 2 bis 3 EL Kochwasser unter die Gemüsestreifen mischen und die Mischung mit Salz und Pfeffer würzen.

4. Das Rinderfilet aus dem Gefrierfach nehmen, auswickeln und auf einer Aufschnittmaschine in sehr dünne Scheiben schneiden. Die Fleischscheiben leicht überlappend auf Tellern anrichten und mit Salz und Pfeffer würzen. Die Gemüse-Linguini portionsweise mit einer Fleischgabel aufrollen und in die Mitte geben. Alles mit der Sauce beträufeln, mit den Zitronenzesten bestreuen und etwas Parmesan darüberhobeln. Nach Belieben das Carpaccio mit frischen Kräutern garnieren und servieren.

»Dünne Gemüsestreifen lassen sich auch mithilfe eines einfachen Sparschälers herstellen, den es in jeder Küche geben sollte. «

Mit Petersilie

GRATINIERTE FILETSTEAKS

Für die Kräuterkruste:
4 Scheiben Toastbrot
2 Eigelbe
50 g glatte Petersilie
100 g Butter
Salz · frisch gemahlener Pfeffer

Für die Petersilienwurzelchips:
1 Petersilienwurzel
Öl zum Frittieren
Mehl zum Wenden

Für das Petersilienwurzelpüree:
400 g Petersilienwurzeln
75 g Butter · Salz
frisch gemahlener Pfeffer
frisch geriebene Muskatnuss

Für die Filetsteaks:
6 kleine rote Zwiebeln
4 Filetsteaks vom Rind (à 200 g)
Salz · frisch gemahlener Pfeffer
1 EL Butterschmalz
60 g kalte Butter
2–3 EL Rotweinessig
150 ml kräftiger Rinderfond
¼ l trockener Rotwein
Speisestärke zum Binden

Außerdem:
frittierte Petersilie zum Anrichten

Für 4 Portionen
Zubereitungszeit ca. 1 Std. 20 Min.

1. Für die Kräuterkruste das Toastbrot würfeln und mit den Eigelben im Mixer fein mahlen. Die Petersilie waschen, trocken schütteln, die Blättchen von den Stielen zupfen und grob hacken. Die Butter schmelzen und mit der Petersilie pürieren. Die Petersilienbutter im Kühlschrank zu streichfähiger Konsistenz abkühlen lassen.

2. Für die Petersilienwurzelchips die Petersilienwurzel schälen und in 1 mm dünne Scheiben schneiden oder hobeln. Das Öl erhitzen. Die Scheiben in Mehl wenden und im heißen Öl in 1 bis 2 Minuten goldbraun frittieren. Mit einem Schaumlöffel herausheben und auf Küchenpapier abtropfen lassen. Die abgekühlte Petersilienbutter für die Kräuterkruste cremig aufschlagen. Mit Salz und Pfeffer würzen und die Toastbrotbrösel unterheben.

3. Für das Püree die Petersilienwurzeln schälen, würfeln, in kochendem Salzwasser in 15 Minuten weich garen, dann abgießen und mit der Butter fein pürieren. Das Püree mit Salz, Pfeffer und Muskat abschmecken und warm halten. Den Ofen auf 150 °C (Ober-/Unterhitze) vorheizen. Für die Filetsteaks die Zwiebeln schälen und in dünne Scheiben schneiden. Die Steaks trocken tupfen, mit Salz und Pfeffer würzen und im heißen Butterschmalz auf beiden Seiten je 2 bis 3 Minuten anbraten. Das Fleisch aus der Pfanne nehmen und zum Weitergaren für etwa 10 Minuten in den heißen Ofen geben.

4. Die Zwiebeln in 1 EL Butter in der Pfanne andünsten. Mit dem Essig ablöschen und mit dem Rinderfond und dem Rotwein aufgießen. Die Sauce auf etwa 100 ml Flüssigkeit einkochen lassen und mit etwas in kaltem Wasser angerührter Stärke leicht binden. Die Pfanne vom Herd ziehen, die restliche Butter stückchenweise unterrühren und die Sauce abschmecken.

5. Die Filetsteaks aus dem Ofen nehmen und den Backofengrill vorheizen. Die Krustenmasse etwa 1 cm dick auf die Steaks streichen und unter dem heißen Grill etwa 3 Minuten gratinieren. Die Steaks mit der Sauce und dem Püree anrichten und nach Belieben mit frittierter Petersilie und den Petersilienwurzelchips garnieren.

»Ein gutes Produkt verdient achtsame Zubereitung. Für Kalbsfilet ist das Kurzbraten perfekt und die Kräuter, Oliven und Kapern veredeln das feine Fleischaroma!«

Mit gemischten Kräutern

KALBSMEDAILLONS MIT ZITRONEN-KRÄUTER-BUTTER

Zutaten:

1 Bio-Zitrone
3–4 Stängel glatte Petersilie
3–4 Zweige Zitronenthymian
3–4 Zweige Oregano
750 g Kalbsfilet, ohne Haut
und Sehnen
Salz · frisch gemahlener Pfeffer
3 EL Olivenöl
100 g große Kapernäpfel
100 g schwarze Oliven (entsteint)
75 g Butter
1–2 TL Honig

Für 4 Portionen
Zubereitungszeit ca. 30 Min.

1. Die Zitrone heiß waschen, trocken reiben und die Schale mit einem Messer hauchdünn herunterschälen, sodass keine weiße Schalenhaut daran hängt. Die Zitronenschale in feine Streifen schneiden. Die Frucht anschließend halbieren und den Saft auspressen.

2. Die Petersilie, den Zitronenthymian und den Oregano waschen, trocken schütteln, die Blättchen von den Stielen zupfen und hacken. Das Kalbsfilet trocken tupfen, in etwa 2 cm breite Medaillons schneiden und diese auf beiden Seiten mit Salz und Pfeffer würzen.

3. Das Olivenöl in einer Pfanne erhitzen und die Kalbsmedaillons darin auf jeder Seite etwa 3 Minuten anbraten. Die Kapern, die Oliven und die Zitronenschalen hinzufügen und kurz mitbraten.

4. Die Medaillons mit dem Zitronensaft ablöschen und die Pfanne vom Herd ziehen. Die Butter in Stücke schneiden und mit dem Honig unterschwenken. Die gehackten Kräuter einrühren und die Sauce abschmecken. Als Beilage passen dazu Nudeln.

Mit mediterranen Kräutern

LAMM MIT TOMATEN-KRÄUTER-KRUSTE

Zutaten:

6 Zweige Thymian
6 Zweige Rosmarin
2 Knoblauchzehen
4–5 EL Olivenöl
600 g Lammfleisch (Oberschale, küchenfertig) · Salz
16 getrocknete Tomaten
2 Scheiben Toastbrot
2 Stängel glatte Petersilie
2 Stängel Basilikum
3–4 Salbeiblätter
75 g weiche Butter
1 Eigelb
frisch gemahlener Pfeffer
8–10 Schalotten
600 g kleine festkochende Kartoffeln
200 ml Lammfond
Salbeiblätter zum Bestreuen

Für 4 Portionen
Zubereitungszeit ca. 4 Std.

1. Den Thymian und den Rosmarin waschen, trocken schütteln, die Blättchen von den Stielen zupfen und möglichst fein hacken. Den Knoblauch abziehen und klein würfeln. Die Hälfte der Kräuter mit dem Knoblauch und 1 EL Olivenöl vermischen. Die Lamm-Oberschale mit Salz und Pfeffer würzen, mit dem Kräuter-Knoblauch-Öl einreiben und im Kühlschrank zugedeckt 2 Stunden ziehen lassen.

2. Inzwischen für die Tomaten-Kräuter-Kruste die getrockneten Tomaten in sehr kleine Stücke schneiden. Das Toastbrot möglichst klein würfeln. Die Petersilie und das Basilikum waschen, sehr gut trocken schütteln, die Blättchen von den Stielen zupfen und zusammen mit dem Salbei fein hacken.

3. Die Butter cremig schlagen, das Eigelb gründlich unterrühren, die Masse salzen, pfeffern und den restlichen gehackten Thymian und Rosmarin sowie die Petersilien-Salbei-Basilikum-Mischung unterrühren. Zuletzt die Brotwürfelchen und Tomatenstückchen dazugeben und behutsam unterheben. Den Backofen auf 140 °C (Ober-/Unterhitze) vorheizen.

4. Die Schalotten schälen und halbieren. Die Kartoffeln gründlich waschen und ebenfalls halbieren. Die Schalotten und die Kartoffeln mit Salz und Pfeffer würzen. Die Lamm-Oberschale aus dem Kühlschrank nehmen und in einem Bräter in 2 EL heißem Olivenöl rundherum anbraten. Das Fleisch aus dem Bräter nehmen, die Tomaten-Kräuter-Krustenmasse darauf verteilen und andrücken.

5. Die Zwiebel- und Kartoffelhälften mit dem restlichen Öl in den Bräter geben und kurz darin anbraten. Die Lamm-Oberschale daraufsetzen und das Ganze im heißen Backofen etwa 1 Stunde garen. Erst dann den Lammfond angießen und alles weitere 30 bis 40 Minuten garen. Das Fleisch vor dem Anschneiden 5 Minuten ruhen lassen. Nach Belieben mit Salbeiblättern bestreut servieren.

Mit Lorbeer und Rosmarin

ROSMARIN-KANINCHEN

Zutaten:

4 Kaninchenkeulen

4 Kaninchenschultern

6–8 Schalotten

6–8 kleine festkochende Kartoffeln

Salz · frisch gemahlener Pfeffer

3–4 Knoblauchzehen

5–6 Zweige Rosmarin

2–3 EL Olivenöl

½ l trockener Weißwein

150 ml kräftige Geflügelbrühe

3–4 Lorbeerblätter

100 g schwarze Oliven (entsteint)

300 g Kirschtomaten

1 Prise Zucker

½–1 EL Speisestärke

75 g kalte Butter

Für 4 Portionen
Zubereitungszeit: ca. 1 Std. 35 Min.

1. Den Backofen auf 200 °C (Ober-/Unterhitze) vorheizen. Die Kaninchenkeulen und -schultern waschen und trocken tupfen. Die Schalotten und Kartoffeln schälen und beides halbieren. Die Kaninchenstücke mit Salz und Pfeffer kräftig würzen.

2. Den Knoblauch in der Schale andrücken. Den Rosmarin waschen und trocken schütteln. Das Olivenöl in einem breiten Topf erhitzen und die Kaninchenstücke darin mit den Kartoffeln, Zwiebeln, dem Rosmarin und Knoblauch 5 bis 6 Minuten kräftig anbraten.

3. Den Bratansatz mit dem Weißwein ablöschen, die Brühe und die Lorbeerblätter dazugeben und das Ganze aufkochen. Anschließend den Schmortopf auf den Boden des heißen Ofens stellen und das Rosmarin-Kaninchen etwa 30 Minuten schmoren.

4. Nach Ablauf der Garzeit die Oliven und die Kirschtomaten mit in den Schmortopf geben und das Ganze im Ofen weitere 30 bis 40 Minuten schmoren. Das weich geschmorte Kaninchen mitsamt Zwiebeln, Tomaten, Oliven und Kartoffeln behutsam aus dem Sud nehmen und warm halten. Die Kräuter entfernen.

5. Den Sud zur Sauce weiterverarbeiten: Dazu auf etwa die Hälfte der Flüssigkeit einkochen und mit Salz, Pfeffer und dem Zucker kräftig abschmecken. Die Stärke mit wenig kaltem Wasser anrühren und den Sud damit leicht binden. Die Butter in kleine Stücke schneiden und nach und nach unter die Sauce rühren.

»Als Beilage empfehle ich cremige Polenta. Dazu ½ l Geflügelbrühe aufkochen. 125 g Maisgrieß unter Rühren einstreuen und in etwa 5 Minuten ausquellen lassen. Mit 1 EL Butter, 30 g frisch geriebenem Parmesan und 2 EL geschlagener Sahne verfeinern.«

Meine
SÜSSSPEISEN-
UND
DESSERT-
Rezepte

Mit Basilikum

BASILIKUM-QUARK-SOUFFLÉ

Zutaten:

zerlassene Butter und Zucker
für die Förmchen
1 Bund Basilikum
200 g Magerquark
3 Eier
1 Prise Salz
60 g Zucker
Puderzucker zum Bestäuben

Für 4 Portionen
Zubereitungszeit ca. 45 Min.

1. Den Backofen auf 250 °C vorheizen (nur Unterhitze). Die Förmchen mit flüssiger Butter sorgfältig ausfetten und mit Zucker dünn ausstreuen. Das Basilikum waschen, trocken schütteln, die Blättchen von den Stielen zupfen und hacken. Mit dem Magerquark in einen hohen Becher geben und mit einem Pürierstab mixen, bis der Quark eine frische grüne Farbe erhält.

2. Die Eier trennen. Die Eigelbe mit dem Basilikumquark gründlich verrühren. Die Eiweiße mit dem Salz cremig steif schlagen, dabei nach und nach den Zucker einrieseln lassen. Den fertigen Eischnee behutsam unter die Quarkmasse heben. Die Soufflé-Masse in die vorbereiteten Förmchen füllen und glatt streichen.

3. Die Soufflé-Förmchen in eine große Auflaufform stellen, sodass sie sich nicht berühren. Seitlich so viel kochendheißes Wasser auffüllen, dass die Förmchen zu etwa zwei Dritteln im Wasserbad stehen. Die Auflaufform auf den Boden des heißen Backofens stellen und die Soufflés 18 bis 20 Minuten backen.

4. Die fertig gebackenen Soufflés aus dem Backofen nehmen, rasch mit Puderzucker bestäuben und sofort servieren. Dazu passt am besten ein leicht säuerliches Fruchteis, zum Beispiel Himbeereis, oder ein gut gekühltes Kompott.

»Wer seinen Backofen nur klassisch mit Ober- und Unterhitze beheizen kann, sollte ein Backblech auf der obersten Schiene einschieben. So wird die Hitze von oben ein wenig reduziert und das Soufflé kann optimal backen!«

Mit Minze
SCHOKO-MACARONS MIT MINZCREME

Zutaten:

1 Bund Minze (am besten
Schokoladen-Minze)
125 g geschälte, gemahlene Mandeln
210 g Puderzucker
1 EL Kakaopulver
3 Eiweiß (100 g)
150 g Zucker
15 g Speisestärke
3–4 Tropfen grüne Lebensmittelfarbe
150 g weiche Butter

Für ca. 30 Stück
Ziehzeit ca. 12 Std.
Zubereitungszeit ca. 1 Std. 40 Min.

1. Die Minze waschen, trocken schütteln und mit den Stielen in grobe Stücke schneiden. Diese mit ¼ l kochendem Wasser übergießen und mit Frischhaltefolie abgedeckt auskühlen lassen. Über Nacht im Kühlschrank ziehen lassen.

2. Am nächsten Tag die Mandeln mit dem Puderzucker und dem Kakao mischen und portionsweise im Mixer fein mahlen. Die Mischung durch ein feines Sieb schütteln und grobe Bestandteile ggf. erneut vermahlen, bis sie fein genug sind.

3. Die Eiweiße mit 30 g Zucker steif schlagen und die Mandel-Mischung nach und nach behutsam unterheben. Die Masse in einen Spritzbeutel mit kleiner Lochtülle umfüllen und kleine Tupfen von etwa 3 cm Durchmesser auf ein mit Backpapier belegtes Backblech spritzen. Die Teigtupfen etwa 35 Minuten antrocknen lassen.

4. Inzwischen den Minze-Sud durch ein feines Sieb passieren und 200 ml davon abmessen. Die Stärke mit dem restlichen Zucker vermischen und mit dem abgemessenen Minze-Sud anrühren. Die Mischung mit grüner Lebensmittelfarbe nach Belieben einfärben und anschließend unter Rühren aufkochen, sodass eine puddingartige Creme entsteht. Die Creme zugedeckt abkühlen lassen.

5. Den Backofen auf 150 °C Unterhitze vorheizen. Die Macarons in den heißen Ofen schieben (mittlere Schiene) und darin etwa 18 Minuten backen. Dabei einen Kochlöffel in die Backofentür klemmen, sodass sie einen kleinen Spalt geöffnet bleibt. Die fertigen Macarons herausnehmen und auf dem Blech auskühlen lassen.

6. Die Butter 3 Minuten mit dem Handrührgerät cremig schlagen. Die ausgekühlte Minz-Creme löffelweise hinzufügen und unterrühren. Die Minzcreme in einen Spritzbeutel mit kleiner Lochtülle füllen und auf die Hälfte der Macarons verteilen. Die restlichen Macarons daraufsetzen und leicht andrücken. Möglichst frisch genießen, denn gefüllte Macarons weichen schnell auf.

Mit gemischten Kräutern

SÜSSE BEERENSUPPE MIT KRÄUTER-BUTTERMILCH-MOUSSE

Für die Kräuter-Buttermilch-Mousse:

3 Blatt Gelatine
4 Stängel Zitronenmellisse
4 Stängel Basilikum
4 Stängel Minze
4 Zweige Zitronenverbene
250 g Buttermilch
100 g Puderzucker
1 Zitrone
150 g Sahne (mind. 30 % Fett)

Für die Beerensuppe:

600 g gemischte Beeren (z.B. Erd-,
Him-, Heidel- und Johannisbeeren)
75 g Puderzucker
200 ml Sekt
Kräuter zum Garnieren (z.B. Minze,
Waldmeister, Basilikum)

Für 4 Portionen
Zubereitungszeit ca. 3 Std. 45 Min.

1. Für die Mousse die Gelatine 5 Minuten in kaltem Wasser einweichen. Die Zitronenmelisse, das Basilikum, die Minze und die Zitronenverbene waschen, trocken schütteln und die Blättchen von den Stielen zupfen. Die Kräuter mit der Buttermilch und dem Puderzucker mischen und fein pürieren.

2. Die Zitrone halbieren und den Saft auspressen. Den Zitronensaft erwärmen, die eingeweichte Gelatine ausdrücken und darin auflösen. Die Gelatine-Saft-Mischung unter die Kräuter-Buttermilch rühren und das Ganze im Kühlschrank abkühlen lassen.

3. Die Sahne steif schlagen. Sobald die Kräuter-Buttermilch zu gelieren beginnt, die steif geschlagene Sahne unterheben. Die Creme in eine Schüssel geben, mit Frischhaltefolie abdecken und im Kühlschrank in etwa 3 Stunden fest werden lassen.

4. Inzwischen für die Beerensuppe die Beeren waschen, abtropfen lassen, verlesen und gegebenenfalls klein schneiden. Etwa die Hälfte der Beeren mit dem Puderzucker und dem Sekt fein pürieren. Das Beeren-Sekt-Püree durch ein Sieb streichen.

5. Die restlichen Beeren auf tiefe Teller verteilen und die Beerensuppe darübergeben. Mit einem in heißes Wasser getauchten Esslöffel Nocken aus der Kräuter-Buttermilch-Mousse abstechen und auf die Beerensuppe setzen. Nach Belieben mit Kräutern garniert servieren.

Mit gemischten Kräutern

KRÄUTER-TEMPURA MIT JOGHURT-DIP

Zutaten:
50 g Weizenmehl (Type 405)
50 g Reismehl (oder Weizenstärke)
1 TL Backpulver
1 Prise Salz
85 g Zucker
2 Bio-Limetten
1 Vanilleschote
250 g griechischer Sahnejoghurt
½ l Öl zum Frittieren
1 Handvoll Kräuterblättchen
(z.B. Zitronenmelisse, Basilikum,
Ananas-Salbei, Pfefferminze)
Mehl zum Arbeiten
Puderzucker zum Bestäuben

Für 4–6 Portionen
Zubereitungszeit ca. 40 Min.

1. Die beiden Mehlsorten mit dem Backpulver vermischen und mit 150 ml eiskaltem Wasser, dem Salz und 1 EL Zucker zu einem glatten Teig verrühren. Den Teig mit Frischhaltefolie abdecken und für etwa 30 Minuten kühl stellen.

2. Inzwischen die Limetten heiß waschen und trocken reiben. Die Schale fein abreiben, die Früchte halbieren und auspressen. Die Vanilleschote längs aufschneiden und das Mark herauskratzen.

3. Den Limettensaft mit der Limettenschale, dem restlichen Zucker und dem Vanillemark in etwa 4 Minuten sirupartig einkochen. Den Sirup abkühlen lassen und mit dem Sahnejoghurt verrühren. Den Vanille-Limetten-Joghurt bis zum Servieren kalt stellen.

4. Das Öl auf etwa 170 °C erhitzen. Die Kräuterblättchen nur bei Bedarf waschen und sehr gut trocken tupfen. Die Blättchen in Mehl wenden, durch den Teig ziehen und frittieren (Step 1).

5. Die goldbraun ausgebackenen Kräuter mit einem Schaumlöffel aus dem Öl heben (Step 2) und auf Küchenpapier entfetten. Das Tempura dünn mit Puderzucker bestäuben und auf einer Platte anrichten. Den Joghurt-Dip separat dazu reichen.

Kräuterblättchen ausbacken

1. Die vorbereiteten Kräuterblättchen einzeln in Mehl wenden, durch den Teig ziehen und in das heiße Öl geben.

2. Das Kräuter-Tempura portionsweise im heißen Öl goldbraun ausbacken und anschließend mit einem Schaumlöffel herausheben.

Mit Basilikum

ERDBEER-BASILIKUM-TÖRTCHEN

Zutaten:

60 g Pinienkerne
40 g Weizenmehl (Type 405)
1 TL Backpulver
3 Eier · 50 g Zucker
20–24 Erdbeeren
3 Blatt Gelatine
2 Limetten
50 g Puderzucker
4–5 Stängel Basilikum
125 g Magerquark
150 g Sahne (mind. 30 % Fett)
30 g weiße Kuvertüre
Basilikumblätter zum Garnieren

Für 4–6 Stück
(oder eine Torte mit 18 cm Ø)
Zubereitungszeit ca. 3 Std.

1. Den Backofen auf 180 °C (Ober-/Unterhitze) vorheizen. Die Pinienkerne in einer beschichteten Pfanne ohne Fett unter Rühren goldbraun anrösten, dann herausnehmen und abkühlen lassen.

2. Die ausgekühlten Pinienkerne mit dem Mehl mischen und fein mahlen. Das Backpulver gründlich untermischen. Die Eier mit dem Zucker 5 Minuten mit dem Handrührgerät schaumig schlagen, dann die Mehlmischung unterheben.

3. Die Biskuitmasse etwa 1 cm hoch auf ein mit Backpapier belegtes Blech streichen und im heißen Backofen in etwa 15 Minuten goldbraun backen. Herausnehmen und auskühlen lassen.

4. Aus dem Biskuit 4 bis 6 Kreise mit jeweils 6 cm Durchmesser ausstechen. Um jeden Kreis einen etwa 6 cm breiten Streifen Folie (z.B. Tortenrandfolie) geben und die Enden mit Klebefilm fixieren.

5. Die Erdbeeren waschen, putzen und halbieren. Die Erdbeerhälften dicht nebeneinander mit der Schnittfläche nach außen an der Folie entlang auf das Biskuit setzen (Step 1). Die Gelatine etwa 5 Minuten in kaltem Wasser einweichen.

6. Die Limetten halbieren und auspressen. Den Saft mit dem Puderzucker verrühren und erhitzen. Die eingeweichte Gelatine gut ausdrücken und im Limettensaft auflösen. Etwas abkühlen lassen.

7. Das Basilikum waschen, trocken schütteln und die Blättchen von den Stielen zupfen. Die Basilikumblättchen mit dem Quark und der Limetten-Gelatine-Mischung fein pürieren. Die Sahne steif schlagen und behutsam unterheben.

8. Die Basilikum-Creme in einen Spritzbeutel füllen, in die Ringe spritzen (Step 2) und die Törtchen etwa 2 Std. in den Kühlschrank stellen. Zum Servieren die Folie mit einem Messer lösen und abziehen. Etwas weiße Kuvertüre auf die Törtchen hobeln und diese mit frischem Basilikum garnieren.

Törtchen herstellen

1. Die vorbereiteten Erdbeerhälften dicht nebeneinander mit der Schnittfläche nach außen an der Folie entlang auf das Biskuit setzen.

2. Die Basilikumcreme mithilfe eines Spitzbeutels mit großer Lochtülle auf die Törtchen verteilen.

»Für Süßspeisen nehme ich am liebsten Genoveser Basilikum, weil es ein kräftiges Aroma hat und man es das ganze Jahr über kultivieren bzw. kaufen kann!«

Mit Basilikum

BASILIKUM-ZITRONEN-SORBET

Zutaten:
4 Zitronen
225 g Zucker
1 Bund Basilikum
2 Eiweiße
200 g reife Erdbeeren
Basilikumblätter zum Garnieren

Für 6 Portionen
Zubereitungszeit ca. 45 Min.

1. Die Zitronen halbieren und den Saft auspressen. Den Zitronensaft in einem Topf mit 175 g Zucker und ¼ l Wasser mischen und aufkochen. Den Sud anschließend auskühlen lassen.

2. Das Basilikum waschen, trocken schütteln, die Blättchen von den Stielen zupfen und grob hacken. Das Basilikum mit dem Zitronensud mischen und mit einem Pürierstab sehr fein mixen. Die flüssigen Eiweiße unterrühren.

3. Die Sorbet-Mischung in eine Eismaschine geben und darin in etwa 35 Minuten cremig gefrieren lassen. Wer keine Eismaschine besitzt, kann die Sorbetmasse auch in eine Schüssel geben und für ein paar Stunden ins Gefrierfach stellen. Die Masse sollte dann aber unbedingt etwa alle 20 Minuten kräftig durchgerührt werden, damit sie cremig gefriert.

4. Inzwischen die Erdbeeren waschen, putzen und mit dem restlichen Zucker fein pürieren. Das Erdbeerpüree in vorgekühlte Gläser oder Becher gießen. Das Basilikum-Zitronen-Sorbet in einen Spritzbeutel mit großer Sterntülle füllen und auf das Erdbeerpüree spritzen. Mit Basilikum garniert servieren.

Mit Zitronenverbene

VERBENEN-PARFAIT AUF MELONENSALAT

Zutaten:

10 Zweige Zitronenverbene
Saft von ½ Zitrone
125 g Puderzucker
300 g Sahne (mind. 30 % Fett)
2 Eier · 4 Eigelbe
200 g Wassermelone
200 g Charantais-Melone
200 g Honigmelone
40 g Pinienkerne
1 Bio-Orange
4 EL Olivenöl extra vergine
Zitronenverbenenblätter
zum Garnieren
Puderzucker zum Bestäuben

Für 6 Portionen
Zubereitungszeit ca. 5 Std. 45 Min.

1. Die Zitronenverbene waschen, trocken schütteln, die Blättchen von den Stielen zupfen. Zwei Drittel der Zitronenverbenenblätter grob hacken und mit dem Zitronensaft, dem Puderzucker und etwa 100 ml Wasser in etwa 5 Minuten sirupartig einkochen. Den Sirup etwas abkühlen lassen und durch ein feines Sieb gießen.

2. Die restlichen Zitronenverbenenblätter fein hacken. Die Sahne steif schlagen. Die Eier und die Eigelbe in eine Schüssel geben und mit dem Handrührgerät in etwa 5 Minuten sehr gut schaumig schlagen, dabei langsam den abgekühlten Sirup hinzufügen.

3. Die fein gehackte Zitronenverbene unter die Schaummasse rühren, dann die geschlagene Sahne behutsam unterheben. Die Parfaitmasse in eine mit Folie ausgelegte Tarteform füllen und für mindestens 5 Stunden ins Gefrierfach stellen.

4. Inzwischen die Melonen schälen und die Kerne entfernen. Das Melonenfruchtfleisch mit einem Kugelausstecher zu Kugeln formen oder in kleine Würfel schneiden. Die Pinienkerne in einer beschichteten Pfanne ohne Fett unter Wenden goldbraun rösten. Dann aus der Pfanne nehmen und auskühlen lassen.

5. Die Orange heiß waschen, trocken reiben und die Schale in dünnen Zesten abziehen. Die Frucht halbieren, den Saft auspressen, mit den Schalenstreifen mischen und auf etwa die Hälfte einkochen. Den Topf vom Herd ziehen, das Olivenöl unterrühren und das Dressing mit den Melonen vermischen.

6. Zum Anrichten den Melonensalat auf Teller verteilen. Die Tarteform kurz in heißes Wasser tauchen, das Parfait stürzen, in Stücke schneiden und auf dem Melonensalat anrichten. Mit den Pinienkernen bestreuen, mit Zitronenverbenenblättern garnieren und mit Puderzucker bestäuben.

Mit Rosmarin

GEBRANNTE ORANGEN-ROSMARIN-CREME

Zutaten:

4–5 Zweige Rosmarin
2–3 große Bio-Orangen
100 g weiße Kuvertüre
20 g Vanillepuddingpulver
75 g Crème fraîche
2–3 EL Amaretto
4–5 EL brauner Zucker

Für 4 Portionen
Zubereitungszeit ca. 2 Std. 35 Min.

1. Den Rosmarin waschen, trocken schütteln, die Nadeln von den Stielen zupfen und möglichst fein hacken. Die Orangen halbieren und den Saft auspressen; es sollten 300 ml Saft sein. Die Schalenhälften mit einem kleinen Löffel möglichst sauber auskratzen.

2. Die Kuvertüre klein hacken. Vom Orangensaft etwa 100 ml abmessen und das Vanillepuddingpulver damit glatt rühren. Dann den restlichen Saft mit dem gehacktem Rosmarin aufkochen, vom Herd ziehen und zugedeckt etwa 15 Minuten ziehen lassen.

3. Den Rosmarinsaft durch ein Sieb zum angerührten Puddingpulver gießen. Die Mischung unter ständigem Rühren einmal aufkochen. Den Orangenpudding in eine Schüssel umfüllen, die gehackte Kuvertüre unterrühren und in der warmen Creme schmelzen.

4. Die Crème fraîche und den Amaretto unter die Orangen-Rosmarin-Creme rühren. Die Creme anschließend rasch bis zum Rand in die ausgehöhlten Orangenhälften füllen, glatt streichen und für 2 Stunden in den Kühlschrank stellen.

5. Zum Servieren die gefüllten Orangen aus dem Kühlschrank nehmen, die Cremeoberfläche gleichmäßig mit dem braunem Zucker bestreuen und mit einem Brülierbrenner goldbraun karamellisieren.

»Die gebrannte Orangen-Rosmarin-Creme ist ein ideales Winterdessert, denn dann gibt es die aromatischsten Saftorangen, die sich mit den kräftigen ätherischen Ölen des Rosmarins perfekt vereinen!«

Mit Thymian

APFEL-THYMIAN-TORTE

Für den Rührteig:
125 g weiche Butter
100 g Zucker · 2 Eier
125 g Weizenmehl (Type 405)
½ TL Backpulver

Für das Apfelkompott:
3 Äpfel
4–5 Zweige Thymian
200 ml Apfelwein
75 g Puderzucker
2 Blatt Gelatine
20 g Vanillepuddingpulver

Außerdem:
150 g Sahne (mind. 30 % Fett)
1 Päckchen Vanillezucker
1 Päckchen Sahnesteif
150 g Schmand
1 EL Zimt
3 EL Zucker
Thymianblüten zum Bestreuen

Für 1 Torte (22 cm Ø)
Zubereitungszeit ca. 3 Std. 15 Min.

1. Für den Rührteig den Backofen auf 180 °C (Ober-/Unterhitze) vorheizen. Einen Backring mit ca. 22 cm Durchmesser auf ein mit Backpapier belegtes Backblech setzen. Die Butter mit dem Zucker cremig rühren. Die Eier einzeln dazugeben und unterrühren.

2. Das Mehl mit dem Backpulver mischen, über die Schaummasse sieben und behutsam unterrühren. Den Rührteig etwa 2 cm dick in den Backring streichen und im heißen Ofen (mittlere Schiene) etwa 30 Minuten backen. Herausnehmen und den Boden im Backring vollständig abkühlen lassen.

3. Für das Apfelkompott die Äpfel schälen, die Kerngehäuse entfernen und das Fruchtfleisch würfeln. Den Thymian waschen, trocken schütteln, die Blättchen von den Stielen zupfen und fein hacken. Die Äpfel und den Thymian mit dem Wein und dem Puderzucker in einen Topf geben und bei mittlerer Hitze 5 Minuten köcheln lassen.

4. Die Gelatine 5 Minuten in kaltem Wasser einweichen. Die weich gegarten Apfelstückchen mit einem Schaumlöffel aus dem Sud heben. Den Sud mit dem Puddingpulver verrühren und auf dem Herd kochen lassen, bis eine puddingartige Konsistenz erreicht ist.

5. Die Gelatine ausdrücken und darin auflösen, dann die Apfelwürfel wieder untermischen. Das Kompott auf den ausgekühlten Boden in den Backring geben und gleichmäßig verteilen. Die Apfel-Thymian-Torte für 1 Stunde in den Kühlschrank stellen.

6. Die Sahne mit dem Vanillezucker und dem Sahnesteif steif schlagen. Den Schmand unterheben und die Creme auf den erkalteten Kuchen streichen. Die Torte nochmals für 1 Stunde kühl stellen.

7. Zum Servieren den Backring entfernen. Den Zimt mit dem Zucker vermischen. Die Torte gleichmäßig mit Zimt-Zucker und nach Belieben mit frisch gezupften Thymianblüten bestreuen.

Mit Lavendel

PFIRSICHKOMPOTT MIT KOKOSCREME

Für die Streusel:
100 g Weizenmehl (Type 405)
2 EL Zucker
30 g kalte Butter
½ TL getrocknete Lavendelblüten

Für das Pfirsichkompott:
3 reife Pfirsiche
200 ml Pfirsichsaft
75 g Gelierzucker (3:1)
1 TL getrocknete Lavendelblüten
Saft von ½ Zitrone

Für die Schoko-Kokos-Creme:
2–3 EL Kakaopulver
¼ l Kokosmilch
3 Eigelbe · 75 g Zucker
25 g Speisestärke
175 g Sahne (mind. 30 % Fett)
frische Lavendelblüten
zum Garnieren
Puderzucker zum Bestäuben

Für 4 Portionen
Zubereitungszeit ca. 1 Std. 45 Min.

1. Für die Streusel den Backofen auf 200 °C (Ober-/Unterhitze) vorheizen. Das Mehl mit dem Zucker, der Butter und den Lavendelblüten zu Streuseln verkneten. Diese auf ein mit Backpapier belegtes Blech geben und im heißen Ofen in 6 bis 8 Minuten goldbraun backen. Herausnehmen und auskühlen lassen.

2. Für das Pfirsichkompott die Pfirsiche halbieren, entsteinen und das Fruchtfleisch würfeln. Den Pfirsichsaft mit dem Gelierzucker, den Lavendelblüten und dem Zitronensaft mischen, aufkochen und etwa 4 Minuten sprudelnd kochen lassen. Die Pfirsichwürfel untermischen, das Kompott sofort heiß auf vier hitzebeständige Gläser verteilen und vollständig auskühlen lassen.

3. Für die Schoko-Kokos-Creme den Kakao mit der Kokosmilch verrühren und aufkochen. Die Eigelbe mit dem Zucker schaumig schlagen und die Stärke unterrühren. Die heiße Kakaomilch unterquirlen. Die Mischung in einen Topf geben und unter Rühren erhitzen, bis die Masse puddingartig bindet.

4. Die Creme in eine Schüssel gießen, die Schüssel auf ein Eiswasserbad setzen und die Creme kalt rühren (alternativ kann man die Creme auch zugedeckt im Kühlschrank abkühlen lassen). Die Sahne steif schlagen und unter die abgekühlte Creme heben.

5. Die Schoko-Kokos-Creme in einen Spritzbeutel mit Lochtülle füllen und auf das Pfirsichkompott in die Gläser spritzen. Mit den Streuseln bestreuen, nach Belieben mit Lavendelblüten garnieren und mit etwas Puderzucker bestäubt servieren.

»Das Kompott lässt sich sehr gut saisonal variieren.
So eignen sich statt frischer Pfirsiche auch Nektarinen,
Sauerkirschen oder nicht zu süße Zwetschgen.«

»Die Teigfladen kann man gut ungebacken und ohne Belag einfrieren. Bei Bedarf tiefgekühlt belegen und backen. So wird das Flammkuchenessen zum schnellen Genuss.«

Mit Rosmarin

SÜSSER FLAMMKUCHEN

Zutaten:

15 g frische Hefe
250 g Dinkelmehl
1 Prise Salz
2 EL Zucker
4–5 Zweige Rosmarin
5–6 reife Pfirsiche (oder Nektarinen)
250 g Mascarpone
4 EL Amaretto
Mehl zum Arbeiten
120 g Pinienkerne
50 g brauner Zucker

Für 4 Personen
Zubereitungszeit ca. 1 Std.

1. Die Hefe in ⅛ l lauwarmes Wasser bröckeln und glatt rühren. Das Mehl, das Salz und den Zucker hinzufügen und alles zu einem glatten Teig verkneten. Diesen zugedeckt etwa 30 Minuten an einem warmen Ort gehen lassen.

2. Inzwischen den Rosmarin waschen, trocken schütteln, die Nadeln von den Stielen zupfen und hacken. Die Pfirsiche waschen, halbieren, die Steine entfernen und das Fruchtfleisch in sehr dünne Spalten schneiden. Die Mascarpone mit dem Amaretto glatt rühren.

3. Den Backofen auf 250 °C (Ober-/Unterhitze) vorheizen. Den aufgegangenen Flammkuchenteig in vier gleich große Portionen teilen. Jede Teigportion auf einer leicht bemehlten Arbeitsfläche zu einem sehr dünnen Fladen ausrollen. Je 2 Teigfladen nebeneinander auf ein mit Backpapier belegtes Backblech legen.

4. Die Teigböden gleichmäßig mit Mascarpone bestreichen. Die Pfirsichspalten darauf verteilen und die Fladen mit den Pinienkernen und dem Rosmarin bestreuen. Zuletzt den braunen Zucker darüberstreuen und die Fladen im heißen Ofen in 12 bis 15 Minuten knusprig goldbraun backen. Lauwarm servieren.

REGISTER

Johann Lafer und Kräuter von La'Bio

»Wer wie ich die Natur und die gute Küche liebt, für den ist es selbstverständlich, zum Kochen nur allerbeste Zutaten zu verwenden – biologisch erzeugt und gentechnikfrei!«

Auswahl aus dem großen Kräuter-Sortiment von La'Bio:

Diese Kräuter sollten in keiner Küche fehlen:

Bohnenkraut
Dill
Französischer Estragon
Glattblättrige Petersilie
Gourmetrosmarin
Kaskadenthymian
Kerbel
Liebstöckel
Majoran
Oregano
Salbei
Schnittlauch
Strauch-Basilikum
Zitronenmelisse

Für die exotische Küche:

Afrikanischer Rosmarin
Aztekisches Esskraut
Bronzefenchel
Currykraut
Johannisbeersalbei
Koriander
Mexikanischer Oregano
Thaibasilikum
Vietnamesischer Koriander
Zitronengras

Für die mediterrane Küche:

Basilikum
Kreta Oregano
Kriechender Rosmarin
Lavendel
Olivenkraut
Thymian
Zitronenmelisse

Minzen-Vielfalt:

Ananasminze
Apfelminze
Erdbeerminze
Feigenminze
Hugo-Minze
Marokkominze
Orangenminze
Schweizer Minze
Schokoladenminze
Weinminze
Zitronenminze

Thymian-Vielfalt:

Goldthymian
Kaskadenthymian
Kugelthymian
Orangenthymian
Rosenduft-Thymian
Silberthymian
Teppich-Thymian
Zitronenthymian

Salatkräuter:

Gemüse-Portulak
Gartenpimpinelle
Kapuzinerkresse
Rucola
Sauerampfer
Schnittknoblauch

www.labio.de

© 2014 GRÄFE UND UNZER VERLAG GMBH, München
Johann Lafer, Michael Wissing Co. Table d'Or GmbH, 55452 Guldental
Alle Rechte vorbehalten.

Konzeption: Johann Lafer, Michael Wissing, Andreas Neubauer
Umschlag und Gestaltungskonzept: ki36 Editorial Design, Sabine Krohberger, Bettina Stickel
Titelfoto: Michael Wissing
Fotografie/Styling: Michael Wissing
Fotoassistent: Paul Jaroslawski
Foto (Seite 191): Peter Leenders
Koch im Studio/Foodstyling: Andreas Neubauer
Begleitende Texte/Editorial: Ute Battig
Theorietexte/Rezepte: Bärbel Schermer, Andreas Neubauer
Projektleitung Gräfe und Unzer: Claudia Bruckmann
Lektorat: Bärbel Schermer
Korrektorat: Adelheid Schmidt-Thomé
Herstellung: Markus Plötz
Layout und Satz: Marion Feldmann
Reproduktion: Repro Ludwig, Zell am See
Druck und Bindung: Firmengruppe APPL, Wemding

ISBN 978-3-8338-3897-2

1. Auflage 2014

www.facebook.com/gu.verlag

GRÄFE
UND
UNZER

Ein Unternehmen der
GANSKE VERLAGSGRUPPE

Johann Lafer finden Sie unter
Johann Lafers Stromburg
55442 Stromberg
Telefon +49-6724-93100
E-Mail: stromburghotel@lafer.de
www.lafer.de

Alles für die gute Küche finden Sie unter
www.lafershop.de

Mein Dank ...
... gilt allen, die an diesem Buch mitgewirkt und es zu dem gemacht haben, was es ist.

Michael Wissing für seine Fotografie und Freundschaft, die uns verbindet. Deine Originalität und dein Anspruch, deine unnachahmliche Klarheit in der Sicht auf die Dinge und deine Perfektion sind mir stets aufs Neue eine Bereicherung. Obgleich wir uns nun schon so lange kennen und so viele schöne Bücher zusammen umgesetzt haben, überraschst du mich immer wieder mit deinen Ideen.

Andreas Neubauer für seine Fantasie, Detailgenauigkeit und Vielseitigkeit als Food-Creator sowie das blinde Verständnis, das unsere Zusammenarbeit und persönliche Verbundenheit ausmacht. Der Austausch und das Fachsimpeln mit dir ist mir unermesslich wertvoll und du bist mir über all die Jahre unersetzlich geworden.

Ute Battig für ihre Anregung, das Zuspiel und die inhaltliche Begleitung als Redakteurin und Texterin.

Claudia Bruckmann für ihre professionelle verlagsseitige Betreuung, die Gesamtkoordination und Steuerung als Projektleiterin.

Bärbel Schermer für ihre verlässliche Erfahrung und Übersicht als Lektorin und allerletzte Instanz.